Kuchnia Mikrofalowa

Odkryj Szybkie i Pyszne Przepisy, Które Przygotujesz w Zaledwie Kilka Minut!

Kasia Nowak

Zawartość

Włoska Zupa Ziemniaczana 14
Zupa ze świeżych pomidorów i selera 15
Zupa Pomidorowa Z Sosem Z Awokado 16
Schłodzona Zupa Serowa I Cebulowa 17
Zupa serowa po szwajcarsku 18
Zupa Avgolemono 19
Zupa Krem Ogórkowa Z Pastis 20
Zupa Curry Z Ryżem 21
Vichyssoise 22
Chłodzona Zupa Ogórkowa Z Jogurtem 23
Chłodzona Zupa Szpinakowa Z Jogurtem 24
Schładzana Zupa Pomidorowa Sherrie 25
Zupa rybna z Nowej Anglii 26
Zupa krabowa 27
Zupa Krabowa I Cytrynowa 28
Biskwit z homara 28
Paczka Suszona Zupa 29
Zupa Skondensowana w Puszkach 29
Odgrzewanie zup 29
Ogrzewanie jaj do gotowania 30
Jajka sadzone 30
Jajka Sadzone (Królestwa). 31

Piperada 32
Piperade z Gammonem 33
Piperada 33
Jaja po florencku 34
Sadzone Jajko Rosini 35
Jajecznica Z Bakłażana 35
Klasyczny Omlet 37
Omlety smakowe 38
Omlet śniadaniowy 39
Jajka W Koszulkach Z Rozciekłym Serem 40
Jaja Benedykta 41
Omlet z Arnoldem Bennettem 41
Tortilla 42
Hiszpański Omlet Z Mieszanymi Warzywami 43
Hiszpański Omlet Z Szynką 44
Ser Jajka W Sosie Selerowym 44
Jaja Fu Yung 45
Omlet z pizzą 46
Suflet Omlet 47
Cytrynowy Suflet Omlet 48
Pomarańczowy Suflet Omlet 48
Suflet z omletem z migdałami i morelami 48
Omlet Malinowy Suflet 49
Omlet Suflet Truskawkowy 49
Omlet sufletowy z dodatkami 50
Jajka Zapiekane Ze Śmietanką 50
Neapolitańskie Jajko Zapiekane 51

Serowe Fondue 51
Fondue z Cydrem 52
Fondue z sokiem jabłkowym 53
Różowe fondue 53
Wędzone fondue 53
Niemieckie piwne fondue 54
Fondue z ogniem 54
Leczy fondue 54
fondue 54
Fondue serowo-pomidorowe 55
Serowe Fondue 56
Fondue z Cydrem 57
Fondue z sokiem jabłkowym 57
Różowe fondue 57
Wędzone fondue 58
Niemieckie piwne fondue 58
Fondue z ogniem 58
Leczy fondue 58
fondue 59
Fondue serowo-pomidorowe 59
Mock Fondue z sera i selera 60
Włoskie serowe, śmietankowe i jajeczne fondue 61
Holenderskie fondue wiejskie 62
Wiejskie fondue z odrobiną kopa 63
Jajka Zapiekane W Stylu Flamenco 64
Pudding Chlebowo-Maślany z Serem I Pietruszką 65

Chlebowo-Maślany Budyń Serowo-Pietruszkowy Z Orzechami Nerkowca 66
Budyń chlebowo-maślany z czterema serami 66
Placki Z Sera I Jaj 67
Pudding z serem i pomidorami do góry nogami 68
Placuszki do pizzy 69
Imbirowy okoń morski z cebulą 70
Paczki z pstrągami 71
Genialna żabnica ze smukłą fasolą 72
Wspaniałe krewetki z Mangetout 73
Dorsz normandzki z cydrem i calvadosem 74
Paella rybna 76
Suszone śledzie 78
Moules Marineries 79
Makrela Z Rabarbarem I Sosem Rodzynkowym 81
Śledź z sosem jabłkowym 82
Karp w sosie Fighter 83
Roladki Morelowe 84
Gotowany Kipper 85
Krewetki z Madrasu 86
Roladki z flądry Martini z sosem 87
Ragout ze skorupiaków z orzechami włoskimi 89
Gorący dorsz 91
Gorący Wędzony Dorsz 92
Żabnica w złocistym cytrynowym sosie śmietankowym 92
Sola w złocistym cytrynowym sosie śmietankowym 94
Holenderski Łosoś 94

Łosoś Holenderski Z Kolendrą 95
Płatki majonezu z łososia 96
Grillowany łosoś w stylu śródziemnomorskim 97
Kedgeree z Curry 98
Kedgeree z Wędzonym Łososiem 99
Quiche z wędzonej ryby 100
Gumbo z krewetkami z Luizjany 101
Żabnica Gumbo 102
Gumbo Mieszane Ryby 102
Pstrąg Z Migdałami 103
Krewetki Prowansalskie 104
Flądra w sosie selerowym z prażonymi migdałami 105
Filety W Sosie Pomidorowym Majeranek 106
Filety W Sosie Pieczarkowym Z Rukwią Wodną 106
Zapiekany Dorsz Z Jajkiem W Koszulce 107
Plamiak i Warzywa W Sosie Cydrowym 109
Ciasto nad morzem 110
Toppery z wędzonej ryby 112
Filety Coley z marmoladą z pora i cytryny 113
Ryba morska w kurtce 114
Szwedzki dorsz z roztopionym masłem i jajkami 115
Strogonow z owocami morza 116
Strogonow ze świeżego tuńczyka 117
Ragout z białej ryby Supreme 118
Mus z łososia 119
Dietetyczny mus z łososia 121
Krab Mornay 122

Poranny tuńczyk.. 123
Poranek z czerwonego łososia.. 123
Połączenie owoców morza i orzechów................................ 123
Łosoś Pierścieniowy Z Koperkiem...................................... 125
Mieszany Pierścień Rybny Z Pietruszką............................. 127
Zapiekanka z dorsza z boczkiem i pomidorami................. 128
Polędwica Ryba Garnek.. 129
KURCZAK w piekarniku.. 131
Glazurowany Kurczak... 132
Kurczak Tex-Mex.. 133
Kurczak koronacyjny.. 134
Kurczak Weronika.. 135
Kurczak W Sosie Octowym Z Estragonem......................... 136
Duński Pieczony Kurczak Z Nadzieniem Pietruszkowym... 137
Kurczak Simla.. 137
Pikantny kurczak z kokosem i kolendrą............................ 138
Pikantny królik... 139
Pikantny indyk... 139
Kurczak Bredie Z Pomidorami... 140
Gotowany Chiński Czerwony Kurczak............................... 141
Arystokratyczne skrzydełka z kurczaka............................. 142
Kurczak Chow Mein... 143
Kotlet Z Kurczaka Suey.. 144
Ekspresowy Marynowany Kurczak Chiński....................... 144
Kurczak po hongkońsku z mieszanką warzyw i kiełkami fasoli.... 145
Kurczak Z Sosem Złotego Smoka...................................... 146
Imbirowe Skrzydełka Z Kurczaka Z Sałatą........................ 147

Kurczak Kokosowy z Bangkoku *148*
Satay z kurczaka *149*
Kurczak orzechowy *150*
Indyjski Kurczak Z Jogurtem *151*
Japoński kurczak z jajkami *152*
Portugalska Zapiekanka Z Kurczaka *153*
Pikantna zapiekanka z kurczaka w stylu angielskim *154*
Kompromitowany kurczak Tandoori *155*
Sernik z masłem owocowo-orzechowym *157*
Konserwowe Ciasto Imbirowe *158*
Ciasto imbirowe z konfiturą z pomarańczy *159*
Ciasto Miodowe Z Orzechami Włoskimi *160*
Ciasto Miodowo Imbirowe *162*
Ciasto z syropem imbirowym *163*
tradycyjny imbir *163*
Pomarańczowy Piernik *165*
Kawowy Tort Morelowy *165*
Rumowy tort ananasowy *166*
Bogate świąteczne ciasto *167*
Szybkie ciasto Simnel *169*
Ciasto z nasionami *170*
Proste Ciasto Owocowe *172*
Ciasto daktylowo-orzechowe *173*
Tort Zunny *174*
Ciasto Pasternak *175*
ciasto dyniowe *176*
Skandynawskie ciasto kardamonowe *177*

Chleb z herbatą owocową 179
Wiktoriańskie Ciasto Kanapkowe 180
Ciasto Orzechowe 181
Szarańcza Ciasto 182
Łatwe Ciasto Czekoladowe 182
ciasto migdałowe 182
Tort Wiktoriański 183
Herbaciany biszkopt do ciasta 184
Biszkopt cytrynowy 185
Pomarańczowy Biszkopt 185
Espresso Kawowe Ciasto 186
Espresso Kawowe Ciasto Z Pomarańczowym Lodem ... 187
Espresso Kawowy Tort Śmietankowy 187
Ciasteczka z rodzynkami 188
Ciasteczka Kokosowe 189
Czekoladowe Ciasta 189
Bananowe Ciasto Przyprawowe 190
Ciasto bananowo-przyprawowe z lukrem ananasowym 191
Lody Maślane 191
Czekoladowy lukier krówkowy 192
Owocowe kliny zdrowotne 193
Kliny zdrowotne z owoców moreli 194
Bułka maślana 194
Ekstra Chrupiące Ciastka 195
Wyjątkowo gładkie kruche ciasto 195
Pikantne kruche ciasto 195
Kruche ciasto w stylu holenderskim 195

Kulki Cynamonowe ... 196
Złote zatrzaski brandy ... 197
Czekoladowe Snapy Brandy ... 198
bułeczki bułeczki ... 199
Bułeczki z Rodzynkami ... 200
Chleb ... 200
Podstawowe Białe Ciasto Chlebowe ... 201
Podstawowe Brązowe Ciasto Chlebowe ... 202
Podstawowe Mleczne Ciasto Chlebowe ... 202
Bap Bochenek ... 203
Bułki Bap ... 203
Bułki do hamburgerów ... 204
Słodkie Bułki Owocowe ... 204
Kornwalijskie podziały ... 204
Fantazyjne Roladki ... 205
Roladki Z Nadzieniami ... 206
Chleb Kminkowy ... 206
Chleb żytni ... 207
Chleb Olejowy ... 207
Włoski chleb ... 207
Hiszpański chleb ... 208
Chleb Tikka Masala ... 208
Chleb słodowy z owocami ... 209
Irlandzki Chleb Sodowy ... 211
Chleb Sodowany Z Otrębami ... 212
Aby odświeżyć chleb Riq ... 212
greckie pity ... 213

Cherry Fighter w porcie 213
Cherry Warrior w Cydrze 214
Grzany Ananas 215
Grzany Owoc Sharon 216
Grzane Brzoskwinie 216
Różowa gruszka 217
świąteczny pudding 218
Budyń maślany ze śliwkami 219
Budyń Śliwkowy Z Olejem 220
Suflet Owocowy W Szklankach 220
Prawie natychmiastowy świąteczny pudding 221

Włoska Zupa Ziemniaczana

Służy 4–5

1 duża cebula, posiekana
30 ml / 2 łyżki oliwy z oliwek lub oleju słonecznikowego
4 duże ziemniaki
1 mała gotowana kość z szynki
1,25 litra/2¼ punktu/5½ szklanki gorącego bulionu drobiowego
Sól i świeżo mielony czarny pieprz
60 ml/4 łyżki śmietany (jasnej).
Startej gałki muszkatołowej
30 ml/2 łyżki posiekanej natki pietruszki

Umieść cebulę i olej w misce o pojemności 2,25 litra/4 porcje/10 filiżanek. Gotuj bez przykrycia w trybie rozmrażania przez 5 minut, dwukrotnie mieszając. W międzyczasie obierz i zetrzyj ziemniaki. Wymieszaj cebulę i dodaj kości szynki, gorący bulion oraz sól i pieprz do smaku. Przykryć talerzem i gotować przez 15-20 minut, dwukrotnie mieszając, aż ziemniaki będą miękkie. Wymieszać ze śmietaną, przełożyć do miseczek i posypać gałką muszkatołową i natką pietruszki.

Zupa ze świeżych pomidorów i selera

Służy 6–8

900 g dojrzałych pomidorów, blanszowanych, obranych i pokrojonych w ćwiartki

50 g masła lub margaryny lub 30 ml/2 łyżki oliwy z oliwek

2 łodygi selera, drobno posiekane

1 duża cebula, drobno posiekana

30 ml/2 łyżki ciemnego miękkiego brązowego cukru

5 ml/1 łyżeczka sosu sojowego

2,5 ml / ½ łyżeczki soli

300 ml/½ porcji/1¼ szklanki gorącej wody

30 ml/2 łyżki mąki kukurydzianej

150 ml/¼ pt./2/3 szklanki zimnej wody

Średnia sherry

Zmiksuj pomidory w blenderze lub robocie kuchennym. Umieść masło, margarynę lub olej w naczyniu o pojemności 1,75 litra/3 porcje/7½ szklanki. Pełne ciepło przez minutę. Wymieszaj z selerem i cebulą. Przykryć talerzem i gotować do końca przez 3 minuty. Dodać przecier pomidorowy, cukier, sos sojowy, sól i podgrzać. Przykryj jak poprzednio i gotuj na pełnym ogniu przez 8 minut, mieszając cztery razy. W międzyczasie dokładnie wymieszaj mąkę kukurydzianą z zimną wodą. Wmieszać do zupy. Gotuj bez przykrycia na pełnym ogniu przez 8 minut, mieszając cztery razy. Wlej chochlą do miseczek na zupę i do każdej dodaj odrobinę sherry.

Zupa Pomidorowa Z Sosem Z Awokado

Służy 8

2 dojrzałe awokado
Sok z 1 małej limonki
1 ząbek czosnku, rozgnieciony
30 ml/2 łyżki majonezu musztardowego
45 ml/3 łyżki crème fraîche
5 ml/1 łyżeczka soli
Szczypta kurkumy
600 ml/20 fl oz/2 puszki skondensowanej zupy pomidorowej
600 ml/1 porcja/2½ szklanki gorącej wody
2 pomidory, obrane, pozbawione gniazd nasiennych, pozbawione nasion i pokrojone w ćwiartki

Awokado obrać i przekroić na pół, usunąć pestki (pestki). Mięso dokładnie rozgnieść, a następnie wymieszać z sokiem z limonki, czosnkiem, majonezem, crème fraîche, solą i kurkumą. Przykryj i przechowuj w lodówce, aż będzie to potrzebne. Wlej obie puszki zupy do naczynia o pojemności 1,75 litra/3 porcje/7½ szklanki. Powoli wymieszaj z wodą. Pokrój miąższ pomidorowy w paski i dodaj dwie trzecie do zupy. Przykryj naczynie talerzem i gotuj na pełnym ogniu przez 9 minut, aż będzie bardzo gorące, mieszając cztery lub pięć razy.

Wlej chochlę do miseczek na zupę i do każdej dodaj chochlę sosu z awokado. Udekoruj pozostałymi paskami pomidorów.

Schłodzona Zupa Serowa I Cebulowa

Służy 6–8

25 g/1 uncja/2 łyżki masła lub margaryny
2 cebule, posiekane
2 łodygi selera, drobno posiekane
30 ml/2 łyżki mąki pszennej (uniwersalnej).
900 ml/1½ punktu/3¾ szklanki gorącego bulionu drobiowego lub warzywnego
45 ml/3 łyżki wytrawnego białego wina lub białego porto
Sól i świeżo mielony czarny pieprz
125 g/1 szklanka sera pleśniowego, pokruszonego
125 g/1 szklanka sera Cheddar, startego
150 ml/¼ pt/2/3 szklanki śmietanki do ubijania
Drobno posiekana szałwia, do dekoracji

Umieść masło lub margarynę w naczyniu o pojemności 2,25 litra/4 porcje/10 filiżanek. Rozmrażaj bez przykrycia w trybie rozmrażania przez 1,5 minuty. Wmieszaj cebulę i seler. Przykryć talerzem i gotować przez 8 minut. Wyjąć z kuchenki mikrofalowej. Wmieszaj mąkę, a następnie stopniowo dodaj bulion i wino lub porto. Przykryj jak poprzednio i gotuj całość przez 10-12 minut, mieszając co 2-3 minuty, aż zupa będzie gładka, zgęstniała i gorąca. Doprawić do smaku. Dodaj ser i mieszaj, aż się rozpuści. Przykryj i pozostaw do ostygnięcia, a następnie wstaw do lodówki na kilka godzin lub na całą noc. Przed podaniem wymieszaj i powoli wmieszaj śmietanę. Wlej chochlą do szklanek lub miseczek i delikatnie posyp je szałwią.

Zupa serowa po szwajcarsku

Służy 6–8

25 g/1 uncja/2 łyżki masła lub margaryny
2 cebule, posiekane
2 łodygi selera, drobno posiekane
30 ml/2 łyżki mąki pszennej (uniwersalnej).
900 ml/1½ punktu/3¾ szklanki gorącego bulionu drobiowego lub warzywnego
45 ml/3 łyżki wytrawnego białego wina lub białego porto
5 ml/1 łyżeczka kminku
1 ząbek czosnku, rozgnieciony
Sól i świeżo mielony czarny pieprz
225 g/2 szklanki sera Emmental lub Gruyère (szwajcarski), startego
150 ml/¼ pt/2/3 szklanki śmietanki do ubijania
Grzanki

Umieść masło lub margarynę w naczyniu o pojemności 2,25 litra/4 porcje/10 filiżanek. Rozmrażaj bez przykrycia w trybie rozmrażania przez 1,5 minuty. Wmieszaj cebulę i seler. Przykryć talerzem i gotować przez 8 minut. Wyjąć z kuchenki mikrofalowej. Wmieszaj mąkę, a następnie stopniowo dodaj bulion i wino lub porto. Wmieszaj kminek i czosnek. Przykryj jak poprzednio i gotuj przez 10-12 minut, mieszając co 2-3 minuty, aż zupa będzie gorąca, gładka i zgęstniała. Doprawić do smaku. Dodaj ser i mieszaj, aż się rozpuści. Wymieszaj krem. Przelej do szklanek lub miseczek i podawaj gorące, udekorowane grzankami.

Zupa Avgolemono

Serwuje 6

1,25 litra/2¼ punktu/5½ szklanki gorącego bulionu drobiowego
60 ml/4 łyżki ryżu do risotto
Sok z 2 cytryn
2 duże jajka
Sól i świeżo mielony czarny pieprz

Wlej bulion do głębokiego naczynia o pojemności 1,75 litra. Wymieszaj ryż. Przykryć talerzem i gotować przez 20-25 minut, aż ryż będzie miękki. Dokładnie wymieszaj sok z cytryny i jajka w misce na zupę lub innym dużym naczyniu do serwowania. Delikatnie wymieszaj bulion i ryż. Doprawić do smaku przed podaniem.

Zupa Krem Ogórkowa Z Pastis

Służy 6–8

900 g ogórka obranego ze skórki
45 ml/3 łyżki masła lub margaryny
30 ml/2 łyżki mąki kukurydzianej
600 ml/1 porcja/2½ szklanki bulionu drobiowego lub warzywnego
300 ml/½ porcji/1¼ szklanki śmietanki do ubijania
7,5–10 ml/1½–2 łyżeczki soli
10 ml/2 łyżeczki Pernod lub Ricard (pastis)
Świeżo mielony czarny pieprz
Posiekany koperek (koperek)

Pokrój ogórka bardzo cienko za pomocą tarki lub tarczy tnącej robota kuchennego. Włóż do miski, przykryj i odstaw na 30 minut, aby część wilgoci odparowała. Wyciśnij tak suche, jak to możliwe w czystym ręczniku (ścierce do naczyń). Umieść masło lub margarynę w naczyniu o pojemności 2,25 litra/4 porcje/10 filiżanek. Rozmrażaj bez przykrycia w trybie rozmrażania przez 1,5 minuty. Ogórki wymieszać. Przykryć talerzem i gotować przez 5 minut, trzykrotnie mieszając. Wymieszaj płynnie mąkę kukurydzianą z częścią bulionu, a następnie dodaj resztę bulionu. Stopniowo wmieszać ogórek. Gotuj bez przykrycia na pełnym ogniu przez około 8 minut, mieszając trzy lub cztery razy, aż zupa będzie gorąca, gładka i zgęstniała. Dodaj śmietanę, sól i pastis i dobrze wymieszaj. Podgrzewać bez przykrycia w całości przez 1–1,5 minuty. Doprawiamy do smaku pieprzem.

Zupa Curry Z Ryżem

Serwuje 6

Zachwycająco lekka anglo-indyjska zupa z kurczaka.

30 ml / 2 łyżki oleju arachidowego lub słonecznikowego
1 duża cebula, posiekana
3 łodygi selera, drobno posiekane
15 ml/1 łyżka łagodnego curry w proszku
30 ml/2 łyżki średnio wytrawnego sherry
1 litr/1¾ punktu/4¼ szklanki bulionu drobiowego lub warzywnego
125 g/4 oz/½ szklanki długiego ryżu
5 ml/1 łyżeczka soli
15 ml/1 łyżka sosu sojowego
175 g gotowanego kurczaka, pokrojonego w paski
Do podania gęsty jogurt naturalny lub crème fraîche

Wlej olej do naczynia o pojemności 2,25 litra/4 pt/10 filiżanek. Podgrzewać, bez przykrycia, w całości przez 1 minutę. Dodaj cebulę i seler. Gotuj bez przykrycia w całości przez 5 minut, raz mieszając. Wymieszaj curry, sherry, bulion, ryż, sól i sos sojowy. Przykryć talerzem i gotować przez 10 minut, dwukrotnie mieszając. Dodaj kurczaka. Przykryj jak poprzednio i gotuj przez 6 minut. Przełożyć do miseczek i na wierzchu udekorować kleksami jogurtu lub crème fraîche.

Vichyssoise

Serwuje 6

Ekskluzywna, schłodzona wersja zupy z pora i ziemniaków, wymyślona przez amerykańskiego szefa kuchni Louisa Diata na początku XX wieku.

2 pory
350 g ziemniaków, obranych i pokrojonych w kostkę
25 g/1 uncja/2 łyżki masła lub margaryny
30 ml/2 łyżki wody
450 ml/¾ pt/2 szklanki mleka
15 ml/1 łyżka mąki kukurydzianej
150 ml/¼ pt./2/3 szklanki zimnej wody
2,5 ml / ½ łyżeczki soli
150 ml/¼ porcji/2/3 szklanki 1 krem (jasny).
Posiekany szczypiorek, do dekoracji

Pory obrać, odciąć większość zielonej części. Resztę siekamy i dokładnie myjemy. Gruba porcja. Umieścić w 2-litrowym naczyniu z ziemniakami, masłem lub margaryną i wodą. Przykryć talerzem i gotować na pełnym ogniu przez 12 minut, mieszając cztery razy. Przełożyć do blendera, dodać mleko i zmiksować na puree. Wróć do naczynia. Mąkę kukurydzianą dokładnie wymieszaj z wodą i dodaj do naczynia. Doprawić do smaku solą. Gotuj bez przykrycia na pełnych obrotach przez 6 minut, co minutę ubijając. Zostaw do schlodzenia. Wmieszać śmietanę. Przykryć i dokładnie schłodzić. Przełożyć do miseczek i każdą porcję posypać szczypiorkiem.

Chłodzona Zupa Ogórkowa Z Jogurtem

Służy 6–8

25 g/1 uncja/2 łyżki masła lub margaryny

1 duży ząbek czosnku

1 ogórek, obrany i grubo starty

600 ml/1 porcja/2½ szklanki jogurtu naturalnego

300 ml/½ pt/1¼ szklanki mleka

150 ml/¼ pt./2/3 szklanki zimnej wody

2,5–10 ml/½–2 łyżeczki soli

Posiekana mięta, do dekoracji

Umieść masło lub margarynę w naczyniu o pojemności 1,75 litra/3 porcje/7½ szklanki. Podgrzewać, bez przykrycia, w całości przez 1 minutę. Zmiażdż czosnek i dodaj ogórek. Gotuj bez przykrycia na pełnych obrotach przez 4 minuty, dwukrotnie mieszając. Wyjąć z kuchenki mikrofalowej. Wmieszaj wszystkie pozostałe składniki. Przykryć i schłodzić przez kilka godzin. Przełóż do miseczek i każdą porcję posyp miętą.

Chłodzona Zupa Szpinakowa Z Jogurtem

Służy 6–8

25 g/1 uncja/2 łyżki masła lub margaryny
1 duży ząbek czosnku
450 g liści szpinaku baby, posiekanych
600 ml/1 porcja/2½ szklanki jogurtu naturalnego
300 ml/½ pt/1¼ szklanki mleka
150 ml/¼ pt./2/3 szklanki zimnej wody
2,5–10 ml/½–2 łyżeczki soli
Sok z 1 cytryny
Tarta gałka muszkatołowa lub mielone orzechy włoskie do dekoracji

Umieść masło lub margarynę w naczyniu o pojemności 1,75 litra/3 porcje/7½ szklanki. Podgrzewać, bez przykrycia, w całości przez 1 minutę. Zmiażdż czosnek i dodaj szpinak. Gotuj bez przykrycia na pełnych obrotach przez 4 minuty, dwukrotnie mieszając. Wyjąć z kuchenki mikrofalowej. Zmiksuj na gęste purée w blenderze lub robocie kuchennym. Wmieszaj wszystkie pozostałe składniki. Przykryć i schłodzić przez kilka godzin. Przelej do miseczek i posyp każdą porcję gałką muszkatołową lub mielonymi orzechami włoskimi.

Schładzana Zupa Pomidorowa Sherrie

Służy 4–5

300 ml/½ pt/1¼ szklanki wody
300 ml/10 fl oz/1 puszka skondensowanej zupy pomidorowej
30 ml / 2 łyżki wytrawnej sherry
150 ml/¼ pt/2/3 szklanki podwójnej (ciężkiej) śmietany.
5 ml/1 łyżeczka sosu Worcestershire
Posiekany szczypiorek, do dekoracji

Wlej wodę do miski o pojemności 1,25 litra i podgrzewaj bez przykrycia w całości przez 4–5 minut, aż zacznie bulgotać. Wlać zupę pomidorową. Gdy masa będzie gładka, dokładnie wymieszaj pozostałe składniki. Przykryć i schłodzić przez 4-5 godzin. Wymieszaj, rozłóż łyżką do szklanych talerzy i posyp każdy szczypiorkiem.

Zupa rybna z Nowej Anglii

Służy 6–8

Zawsze serwowana w Ameryce Północnej na niedzielny brunch, zupa z małży to absolutny klasyk, ale ponieważ małże nie są łatwe do znalezienia, zastąpiono je białą rybą.

5 pasków chudego boczku (plastrów), grubo pokrojonych
1 duża cebula, obrana i starta
15 ml/1 łyżka mąki kukurydzianej
30 ml / 2 łyżki zimnej wody
450 g ziemniaków, pokrojonych w kostkę 1 cm
900 ml/1½ punktu/3¾ szklanki gorącego pełnotłustego mleka
450 g jędrnych filetów z białej ryby, obranych ze skóry i pokrojonych na małe kawałki

2,5 ml/½ łyżeczki mielonej gałki muszkatołowej
Sól i świeżo mielony czarny pieprz

Umieść bekon w misce o pojemności 2,5 litra/4½ szt./11 filiżanek. Dodaj cebulę i gotuj bez przykrycia na pełnym ogniu przez 5 minut. Dokładnie wymieszaj mąkę kukurydzianą z wodą i zamieszaj w misce. Wymieszaj ziemniaki i połowę gorącego mleka. Gotuj bez przykrycia na pełnym ogniu przez 6 minut, trzykrotnie mieszając. Wmieszaj pozostałe mleko i gotuj bez przykrycia na pełnym ogniu przez 2 minuty. Dodaj rybę do gałki muszkatołowej i dopraw do smaku. Przykryj talerzem i gotuj na pełnym ogniu przez 2 minuty, aż ryba będzie miękka. (Nie martw się, jeśli ryba zaczęła się łuszczyć.) Wlej chochlą do głębokich misek i natychmiast jedz.

Zupa krabowa

Serwuje 4

25 g/2 łyżki masła niesolonego (słodkiego).
20 ml/4 łyżeczki mąki pszennej (uniwersalnej).
300 ml/½ pt/1¼ szklanki podgrzanego pełnotłustego mleka
300 ml/½ pt/1¼ szklanki wody
2,5 ml/½ łyżeczki musztardy angielskiej
Odrobina ostrego sosu paprykowego
25 g/1 oz/¼ szklanki sera Cheddar, startego
175 g jasnego i ciemnego mięsa kraba
Sól i świeżo mielony czarny pieprz

45 ml/3 łyżki wytrawnej sherry

Umieść masło w naczyniu o pojemności 1,75 litra / 3 porcje / 7½ filiżanki. Rozmrażaj w trybie rozmrażania przez 1–1½ minuty. Wmieszaj mąkę. Gotuj bez przykrycia na pełnej mocy przez 30 sekund. Stopniowo mieszaj mleko i wodę. Gotuj bez przykrycia na pełnym ogniu przez 5-6 minut, aż będzie gładka i gęsta, mieszając co minutę. Wymieszaj wszystkie pozostałe składniki. Gotuj bez przykrycia w całości przez 1½–2 minuty, dwukrotnie mieszając, aż się zagrzeje.

Zupa Krabowa I Cytrynowa

Serwuje 4

Przygotuj jak zupę krabową, ale dodaj 5 ml/1 łyżeczkę drobno startej skórki z cytryny do pozostałych składników. Każdą porcję oprószamy odrobiną startej gałki muszkatołowej.

Biskwit z homara

Serwuje 4

Przygotuj jak zupę krabową, ale zastąp mleko jedną (jasną) śmietaną i posiekanym mięsem homara zamiast mięsa kraba.

Paczka Suszona Zupa

Wlej zawartość opakowania do naczynia o pojemności 1,25 litra/2¼ pt/5½ filiżanki. Stopniowo wlewaj zalecaną ilość zimnej wody. Przykryć i odstawić na 20 minut, aby warzywa zmiękły. Wymieszaj to. Przykryć talerzem i gotować przez 6-8 minut, dwukrotnie mieszając, aż zupa się zagotuje i zgęstnieje. Pozostaw na 3 minuty. Zamieszaj i podawaj.

Zupa Skondensowana w Puszkach

Wlej zupę do dzbanka miarowego o pojemności 1,25 litra/2¼ pt/5½ szklanki. Dodaj 1 puszkę wrzącej wody i dobrze wymieszaj. Przykryć talerzem lub spodkiem i podgrzewać Full przez 6-7 minut, dwukrotnie mieszając, aż zupa się zagotuje. Przełożyć do miseczek i podawać.

Odgrzewanie zup

Aby uzyskać dobre wyniki, podgrzej klarowne lub rzadkie zupy w trybie Pełne, a kremowe zupy i buliony w trybie Rozmrażanie.

Ogrzewanie jaj do gotowania

Nieocenione, jeśli w ostatniej chwili zdecydujesz się upiec i potrzebujesz jajek w temperaturze pokojowej.

Na jedno jajko: wbij jajko do małego naczynia lub szklanki. Żółtko nakłuć dwukrotnie wykałaczką lub czubkiem noża, aby zapobiec pęknięciu skórki i wybuchowi żółtka. Przykryj naczynie lub szklankę spodkiem. Podgrzewaj na rozmrażaniu przez 30 sekund.

Na 2 jajka: jak jedno jajko, ale gorące przez 30–45 sekund.

Na 3 jajka: jak jedno jajko, ale gorące przez 1–1¼ minuty.

Jajka sadzone

Najlepiej gotować je indywidualnie we własnych potrawach.

Na jedno jajko: wlej 90 ml/6 łyżek gorącej wody do płytkiego naczynia. Dodaj 2,5 ml / ½ łyżeczki lekkiego octu, aby zapobiec rozlaniu się białek. Ostrożnie wsuń jedno jajko, najpierw rozbite do szklanki. Żółtko nakłuć dwukrotnie wykałaczką lub czubkiem noża. Przykryj talerzem i gotuj w całości przez 45 sekund – 1¼ minuty, w zależności od tego, jak twarde białko lubisz. Pozwól mu siedzieć przez minutę. Wyjąć z naczynia z porcją nakłuwanej ryby.

Na 2 jajka ugotowane w 2 daniach jednocześnie: gotować całkowicie przez 1½ minuty. Pozostaw na 1¼ minuty. Jeśli białko jest zbyt rzadkie, gotuj przez kolejne 15-20 sekund.

Na 3 jajka ugotowane w 3 daniach jednocześnie: gotować w całości przez 2–2½ minuty. Pozostaw na 2 minuty. Jeśli białko jest zbyt rzadkie, gotuj przez kolejne 20-30 sekund.

Jajka Sadzone (Królestwa).

Kuchenka mikrofalowa świetnie się tutaj spisuje, a jajka okazują się miękkie i delikatne, zawsze słoneczną stroną do góry i z białym brzegiem, który nigdy się nie skleja. Nie zaleca się smażenia więcej niż 2 jajek na raz, ponieważ żółtko gotuje się szybciej niż białko i twardnieje. Wynika to z dłuższego czasu gotowania wymaganego do zestalenia bieli. Używaj porcelany lub ceramiki bez śladu dekoracji, jak to ma miejsce we Francji.

Na jedno jajko: mały pędzelek z porcelany lub glinianego lekkiego naczynia z roztopionym masłem, margaryną lub odrobiną delikatnej oliwy z oliwek. Wbij jajko do szklanki, a następnie wsuń je do przygotowanego naczynia. Żółtko nakłuć dwukrotnie wykałaczką lub czubkiem noża. Posyp lekko solą i świeżo zmielonym czarnym pieprzem. Przykryj talerzem i gotuj przez 30 sekund. Pozwól mu siedzieć przez minutę. Kontynuuj gotowanie przez kolejne 15-20 sekund. Jeśli białko nie jest wystarczająco ustawione, gotuj przez kolejne 5-10 sekund.

Na 2 jajka: jak jedno jajko, ale najpierw gotuj w całości przez 1 minutę, a następnie odstaw na 1 minutę. Gotuj przez kolejne 20–40 sekund. Jeśli biel nie jest wystarczająco ustawiona, odczekaj kolejne 6-8 sekund.

Piperada

Serwuje 4

30 ml / 2 łyżki oliwy z oliwek
3 cebule pokrojone w bardzo cienkie plasterki
2 zielone papryki (dzwonki), pozbawione nasion i drobno posiekane
6 pomidorów, blanszowanych, obranych, pozbawionych nasion i posiekanych
15 ml/1 łyżka posiekanych liści bazylii
Sól i świeżo mielony czarny pieprz
6 dużych jaj
60 ml/4 łyżki śmietany podwójnej (gęstej).

Tosty, do podania

Do głębokiego naczynia o średnicy 25 cm/10 wlać olej i podgrzewać w całości bez przykrycia przez minutę. Wymieszaj z cebulą i papryką. Przykryj talerzem i gotuj na rozmrażaniu przez 12-14 minut, aż warzywa będą miękkie. Wymieszaj z pomidorami i bazylią i dopraw do smaku. Przykryj jak poprzednio i gotuj przez 3 minuty. Jajka wymieszać ze śmietaną i doprawić do smaku. Przełożyć do naczynia i połączyć z warzywami. Gotuj bez przykrycia na pełnym ogniu przez 4-5 minut, aż lekko się zarumienią, mieszając co minutę. Przykryj i pozostaw na 3 minuty przed podaniem z chrupiącymi grzankami.

Piperade z Gammonem

Serwuje 4

Przygotuj jak Piperade, ale podawaj łyżką na porcjach smażonego chleba (sauté) i udekoruj każdy z grillowanym (upieczonym) lub podgrzanym w kuchence mikrofalowej plasterkiem baleronu.

Piperada

Serwuje 4

Hiszpańska wersja Piperade.

Przygotuj jak Piperade, ale dodaj 2 ząbki czosnku, rozgniecione, z cebulą i zieloną papryką i dodaj 125 g grubo posiekanej szynki do ugotowanych warzyw. Udekoruj każdą porcję pokrojonymi w plasterki oliwkami.

Jaja po florencku

Serwuje 4

450 g świeżo ugotowanego szpinaku
60 ml / 4 łyżki śmietanki do ubijania
4 jajka w koszulkach, gotowane 2 na raz
300 ml/½ szt./1¼ szklanki Sosu Serowego lub Sosu Mornay
50 g / 2 uncje / ½ szklanki startego sera

Zmiksuj szpinak i śmietanę w robocie kuchennym lub blenderze. Ułożyć w płytkim, posmarowanym masłem żaroodpornym naczyniu o średnicy 18 cm. Przykryć talerzem i podgrzewać na pełnej mocy przez 1,5 minuty. Ułóż jajka na wierzchu i zalej gorącym sosem. Posypać serem i cynamonem pod rozgrzanym grillem (broiler).

Sadzone Jajko Rosini

SERWY 1

Stanowi elegancką przekąskę z sałatką liściastą.

Smaż (smaż) lub opiekaj kromki chleba pszennego bez skórki. Posmarować gładkim pasztetem z wątróbek zawierającym, jeśli pozwalają na to koszty, trochę trufli. Udekoruj świeżo ugotowanym jajkiem w koszulce i natychmiast podawaj.

Jajecznica Z Bakłażana

Serwuje 4

Izraelski pomysł, który dobrze sprawdza się w kuchence mikrofalowej. Smak jest dziwnie mocny.

750 g/1½ funta bakłażana (bakłażana)
15 ml/1 łyżka soku z cytryny
15 ml/1 łyżka oleju kukurydzianego lub słonecznikowego
2 cebule, drobno posiekane
2 ząbki czosnku, zmiażdżone
4 duże jajka
60 ml/4 łyżki mleka
Sól i świeżo mielony czarny pieprz
Ciepłe tosty z masłem, do podania

Bakłażany obrać z wierzchu i ogona i przekroić je wzdłuż na pół. Ułóż na dużym talerzu, przecięciem do dołu i przykryj papierem kuchennym. Gotuj w całości przez 8–9 minut lub do miękkości. Usuń mięso ze skórek bezpośrednio do robota kuchennego z sokiem z cytryny i zmiksuj na gęste purée. Umieść olej w naczyniu o pojemności 1,5 litra/2½ pt/6 filiżanek. Podgrzewać, bez przykrycia, w całości przez 30 sekund. Wmieszaj cebulę i czosnek. Gotować bez przykrycia w całości przez 5 minut. Ubij jajka z mlekiem i dobrze wymieszaj do smaku. Wlać do naczynia i smażyć z cebulą i czosnkiem na pełnym ogniu przez 2 minuty, mieszając co 30 sekund. Wymieszaj cebulę z czosnkiem i dodaj puree z bakłażana. Kontynuuj gotowanie bez przykrycia na pełnej mocy przez 3-4 minuty, mieszając co 30 sekund, aż mieszanina zgęstnieje, a jajka się zetną. Podawać na ciepłych tostach posmarowanych masłem.

Klasyczny Omlet

Służy 1

Omlet o lekkiej konsystencji, który można podawać bez dodatków lub z nadzieniem.

Roztopione masło lub margaryna
3 jajka
20 ml/4 łyżeczki soli
Świeżo mielony czarny pieprz
30 ml / 2 łyżki zimnej wody
Pietruszka lub rukiew wodna do dekoracji

Płytkie naczynie o średnicy 20 cm wyłóż roztopionym masłem lub margaryną. Dobrze ubij jajka ze wszystkimi pozostałymi składnikami oprócz dekoracji. (Lekko rozbić jajka, jak w przypadku tradycyjnych omletów, nie wystarczy.) Wlać do naczynia, przykryć talerzem i wstawić do kuchenki mikrofalowej. Gotuj całkowicie przez 1½ minuty. Odkryć i delikatnie wymieszać masę jajeczną drewnianą łyżką lub widelcem, przesuwając częściowo zestalone brzegi do środka. Przykryj jak poprzednio i włóż z powrotem do kuchenki mikrofalowej. Gotuj całkowicie przez 1½ minuty. Odkryj i gotuj dalej przez 30–60 sekund lub do momentu, aż góra się zetnie. Złożyć na trzy i wysunąć na ogrzany talerz. Udekoruj i natychmiast podawaj.

Omlety smakowe

Służy 1

Omlet z pietruszką: przygotuj jak klasyczny omlet, ale po 1,5 minuty po ugotowaniu omletu posyp jajka 30 ml/2 łyżkami posiekanej natki pietruszki.

Omlet Szczypiorek: przygotuj jak klasyczny omlet, ale połóż jajka z 30 ml/2 łyżkami posiekanego szczypiorku po tym, jak omlet będzie się gotował przez pierwsze 1,5 minuty.

Omlet Z Rukwi Wodnej: przygotuj jak klasyczny omlet, ale po pierwszej 1,5 minuty posyp jajka 30 ml/2 łyżkami posiekanej rzeżuchy.

Omlet z Fines Zioła: przygotuj jak klasyczny omlet, ale po 1½ minucie gotowania omletu posmaruj jajka mieszanką 45 ml/3 łyżek posiekanej natki pietruszki, trybuli i bazylii. Można dodać trochę świeżego estragonu.

Peklowany Omlet Z Kolendrą: przygotować jak Klasyczny Omlet, ale ubić jajka i wodę z 5-10 ml/1-2 łyżeczkami curry, solą i pieprzem. Posyp jajka 30 ml/2 łyżki posiekanej kolendry (kolendry) po ugotowaniu omletu przez pierwsze 1,5 minuty.

Omlet z serem i musztardą: przygotować jak Klasyczny Omlet, ale ubić jajka i wodę z 5 ml/1 łyżeczka przygotowanej musztardy i 30 ml/2 łyżki bardzo drobno startego twardego sera o dobrym smaku oprócz soli i pieprzu.

Omlet śniadaniowy

Służy 1–2

Omlet w stylu północnoamerykańskim, tradycyjnie podawany na niedzielny brunch. Brunch Omlet może być równie aromatyczny i sycący jak Klasyczny Omlet.

Przygotuj jak klasyczny omlet, ale zastąp 45 ml/3 łyżki zimnego mleka 30 ml/2 łyżki wody. Po odkryciu gotuj całość przez 1-1½ minuty. Złożyć na trzy i ostrożnie zsunąć na talerz.

Jajka W Koszulkach Z Rozciekłym Serem

Służy 1

1 kromka ciepłego tostu z masłem
45 ml/3 łyżki twarogu
Ketchup Pomidorowy (catsup)
1 jajko sadzone
60-75 ml / 4-5 łyżek startego sera
Papryka

Tosty posmarować twarogiem, a następnie ketchupem pomidorowym. Połóż na talerzu. Po wierzchu ułożyć jajko w koszulce, posypać tartym serem i posypać papryką. Podgrzewać bez przykrycia w trybie rozmrażania przez 1–1½ minuty, aż ser zacznie się topić. Zjedz natychmiast.

Jaja Benedykta

Służy 1–2

Żaden niedzielny brunch w Ameryce Północnej nie jest kompletny bez Eggs Benedict, bogatej mikstury jajecznej, która wymyka się wszelkim ograniczeniom kalorii i cholesterolu.

Podziel i podpiecz muffinkę lub bap. Na wierzchu połóż plaster (plaster) lekko grillowanego konwencjonalnego (opieczonego) bekonu, a następnie na obu połówkach świeże jajko w koszulce. Polej sosem holenderskim, a następnie posyp papryką. Zjedz natychmiast.

Omlet z Arnoldem Bennettem

Serwuje 2

Podobno stworzony przez szefa kuchni londyńskiego hotelu Savoy na cześć słynnego pisarza, jest to monumentalny i niezapomniany omlet na każdy ważny dzień i święto.

175 g wędzonego fileta z plamiaka lub dorsza
45 ml/3 łyżki wrzącej wody
120 ml/4 fl oz/½ szklanki crème fraîche
Świeżo mielony czarny pieprz
Roztopione masło lub margaryna do posmarowania
3 jajka
45 ml/3 łyżki zimnego mleka
Szczypta soli

50 g/½ szklanki kolorowego sera Cheddar lub Red Leicester, startego na tarce

Umieść rybę w płytkim naczyniu z wodą. Przykryć talerzem i gotować do końca przez 5 minut. Pozostaw na 2 minuty. Odcedź i rozdrobnij mięso widelcem. Dodać crème fraîche i doprawić do smaku pieprzem. Płytkie naczynie o średnicy 20 cm wyłóż roztopionym masłem lub margaryną. Jajka dokładnie ubić z mlekiem i solą. Wlać do naczynia. Przykryć talerzem i gotować dokładnie przez 3 minuty, przesuwając brzegi naczynia do środka w połowie gotowania. Odkryj i gotuj na pełnym ogniu przez kolejne 30 sekund. Posmarować mieszanką rybno-śmietanową i posypać serem. Gotuj bez przykrycia przez 1–1½ minuty, aż omlet będzie gorący, a ser się roztopi. Podziel na dwie porcje i podawaj od razu.

Tortilla

Serwuje 2

Słynny hiszpański omlet jest okrągły i płaski jak naleśnik. Wygodnie łączy się z kawałkami chleba lub bułek i chrupiącą zieloną sałatą.

15 ml/1 łyżka masła, margaryny lub oliwy z oliwek
1 cebula, drobno posiekana
175 g gotowanych ziemniaków, pokrojonych w kostkę
3 jajka
5 ml/1 łyżeczka soli
30 ml / 2 łyżki zimnej wody

Umieść masło, margarynę lub olej w głębokim naczyniu o średnicy 20 cm/8. Podgrzewaj w trybie rozmrażania przez 30–45 sekund. Wmieszaj cebulę. Przykryć talerzem i gotować na rozmrażaniu przez 2 minuty. Wmieszaj ziemniaki. Przykryj jak poprzednio i gotuj przez minutę. Wyjąć z kuchenki mikrofalowej. Jajka dokładnie ubić z solą i wodą. Wlać równomiernie na cebulę i ziemniaki. Gotuj bez przykrycia w całości przez 4,5 minuty, obracając naczynie raz. Odstaw na minutę, a następnie podziel na dwie części i przełóż każdą porcję na talerz. Zjedz natychmiast.

Hiszpański Omlet Z Mieszanymi Warzywami

Serwuje 2

30 ml/2 łyżki masła, margaryny lub oliwy z oliwek
1 cebula, drobno posiekana
2 pomidory, obrane i pokrojone
½ małej zielonej lub czerwonej papryki, drobno posiekanej
3 jajka
5–7,5 ml/1–1½ łyżeczki soli
30 ml / 2 łyżki zimnej wody

Umieść masło, margarynę lub olej w głębokim naczyniu o średnicy 20 cm/8. Podgrzewać w trybie rozmrażania przez 1½ minuty. Wymieszaj cebulę, pomidor i posiekaną paprykę. Przykryć talerzem i gotować w trybie rozmrażania przez 6–7 minut, aż zmiękną. Jajka dokładnie ubić z solą i wodą. Wylać równomiernie na warzywa. Przykryć talerzem i gotować na pełnym ogniu przez 5-6 minut, aż jajka się zetną, obracając raz naczynie. Podziel na dwie części i przełóż każdą porcję na talerz. Zjedz natychmiast.

Hiszpański Omlet Z Szynką

Serwuje 2

Przygotuj jak hiszpański omlet z mieszanką warzyw, ale dodaj do warzyw 60 ml/4 łyżki stołowe grubo posiekanej suszonej szynki hiszpańskiej i 1–2 zmiażdżone ząbki czosnku i gotuj jeszcze przez 30 sekund.

Ser Jajka W Sosie Selerowym

Serwuje 4

Krótki talerz obiadowy lub obiadowy, który zapewnia wystarczającą ilość posiłku dla wegetarian.

6 dużych jajek na twardo (twardo), obranych i przekrojonych na pół
300 ml/10 fl oz/1 puszka skondensowanej zupy selerowej
45 ml/3 łyżki pełnotłustego mleka

175 g/6 uncji/1½ kubka Ser Cheddar, starty

30 ml/2 łyżki drobno posiekanej natki pietruszki

Sól i świeżo mielony czarny pieprz

15 ml/1 łyżka tostowej bułki tartej

2,5 ml/½ łyżeczki papryki

Połówki jajek ułożyć w głębokim naczyniu o średnicy 20 cm/8. W osobnej misce lub naczyniu delikatnie wymieszaj zupę i mleko. Podgrzewaj bez przykrycia na pełnym ogniu przez 4 minuty, mieszając co minutę. Wmieszaj połowę sera i podgrzewaj bez przykrycia na pełnym ogniu przez 1-1½ minuty, aż się rozpuści. Wymieszaj z natką pietruszki, dopraw do smaku, a następnie połóż jajka. Posyp pozostałym serem, bułką tartą i papryką. Zrumienić pod gorącym grillem (brojlerem) przed podaniem.

Jaja Fu Yung

Serwuje 2

5 ml/1 łyżka masła, margaryny lub oleju kukurydzianego

1 cebula, drobno posiekana

30 ml/2 łyżki gotowanego groszku

30 ml / 2 łyżki gotowanych lub konserwowych kiełków fasoli

125 g pieczarek pokrojonych w plastry

3 duże jajka

2,5 ml / ½ łyżeczki soli

30 ml / 2 łyżki zimnej wody

5 ml/1 łyżeczka sosu sojowego

4 dymki (szalotki), drobno posiekane

Umieść masło, margarynę lub olej w głębokim naczyniu o średnicy 20 cm/8 i podgrzewaj bez przykrycia przez minutę w trybie rozmrażania. Wymieszaj posiekaną cebulę, przykryj talerzem i smaż na pełnym ogniu przez 2 minuty. Wmieszaj groszek, kiełki fasoli i grzyby. Przykryj jak poprzednio i gotuj przez 1,5 minuty. Wyjąć z kuchenki mikrofalowej i wymieszać. Jajka dokładnie ubić z solą, wodą i sosem sojowym. Wylać równomiernie na warzywa. Gotuj bez przykrycia na pełnych obrotach przez 5 minut, dwukrotnie obracając. Pozwól mu siedzieć przez minutę. Podziel na dwie części i każdą przełóż na ogrzany talerz. Udekoruj dymką i natychmiast podawaj.

Omlet z pizzą

Serwuje 2

Nowatorska pizza, na spodzie zamiast ciasta drożdżowego płaski omlet.

15 ml/1 łyżka oliwy z oliwek

3 duże jajka

45 ml/3 łyżki mleka

2,5 ml / ½ łyżeczki soli

4 pomidory, obrane, pozbawione gniazd nasiennych i posiekane

125 g/1 szklanka sera Mozzarella, startego

8 anchois z puszki w oleju

8–12 wypestkowanych (bez pestek) czarnych oliwek.

Umieścić olej w głębokim naczyniu o średnicy 20 cm/8 i podgrzewać bez przykrycia przez minutę w trybie rozmrażania. Jajka dobrze ubić z mlekiem i solą. Wlać do naczynia i przykryć talerzem. Gotuj całość przez 3 minuty, przesuwając brzegi naczynia na środek naczynia w połowie gotowania. Odkryj i gotuj na pełnym ogniu przez kolejne 30 sekund. Posmarować pomidorami i serem, udekorować anchois i oliwkami. Gotuj bez przykrycia na pełnym ogniu przez 4 minuty, dwukrotnie obracając. Podziel na dwie części i podawaj od razu.

Suflet Omlet

Serwuje 2

45 ml/3 łyżki dżemu (konserwowego)
Cukier puder (cukierniczy).
Masło topione
3 krople soku z cytryny
3 duże jajka, oddzielone
15 ml/1 łyżka cukru pudru (bardzo drobny).

Dżem przełożyć do małego talerzyka lub szklanki. Przykryć spodkiem i podgrzewać na rozmrażaniu przez 1,5 minuty. Ostrożnie wyjmij z kuchenki mikrofalowej, pozostaw pod przykryciem i odłóż na bok. Pokryj duży arkusz papieru do pieczenia (woskowego) przesianym cukrem pudrem. Głębokie naczynie o średnicy 25 cm/10 posmarować roztopionym masłem. Dodaj sok z cytryny do białek jaj i ubijaj, aż osiągnie szczyty. Dodaj cukier puder do żółtek i ubijaj, aż będą gęste, jasne i kremowe. Powoli ubij ubite białka do żółtek, aż będą gładkie i równomiernie połączone. Łyżką przełożyć do przygotowanego naczynia. Gotuj bez przykrycia w całości przez 3,5 minuty. Odwrócić na posypany cukrem papier, zrobić nożem linię na środku i posmarować gorącym dżemem połowę omletu. Delikatnie złożyć na pół, pokroić na dwie porcje i natychmiast zjeść.

Cytrynowy Suflet Omlet

Serwuje 2

Przygotować jak w przypadku omletu sufletowego, ale do ubitych żółtek i cukru dodać 5 ml/1 łyżeczkę drobno startej skórki z cytryny.

Pomarańczowy Suflet Omlet

Serwuje 2

Przygotować jak w przypadku omletu Suflet, ale dodać 5 ml/1 łyżeczkę drobno startej skórki pomarańczowej do ubitych żółtek i cukru.

Suflet z omletem z migdałami i morelami

Serwuje 2

Przygotować jak Suflet Omlet, ale dodać 2,5 ml/½ łyżeczki esencji migdałowej (ekstraktu) do ubitych żółtek i cukru. Wypełnij gładkim, podgrzanym dżemem morelowym (konserwowanym).

Omlet Malinowy Suflet

Serwuje 2

Przygotować jak w przypadku omletu sufletowego, ale do ubitych żółtek i cukru dodać 2,5 ml/½ łyżeczki esencji waniliowej (ekstraktu). Napełnij 45-60 ml/3-4 łyżkami grubo rozgniecionych malin wymieszanych z cukrem pudrem (wyrobami cukierniczymi) do smaku i odrobiną Kirsch lub ginu.

Omlet Suflet Truskawkowy

Serwuje 2

Przygotować jak w przypadku omletu sufletowego, ale do ubitych żółtek i cukru dodać 2,5 ml/½ łyżeczki esencji waniliowej (ekstraktu). Napełnij 45–60 ml/3–4 łyżek cienko pokrojonych truskawek wymieszanych z cukrem pudrem (wyrobami cukierniczymi) do smaku i 15 ml/1 łyżka likieru czekoladowego lub pomarańczowego.

Omlet sufletowy z dodatkami

Serwuje 2

Przygotować jak do omletu sufletowego, ale zamiast składać i przecinać omlet na pół, zostawić go na płasko i przekroić na dwie części. Przenieś każdy na talerz i posyp podgrzanymi duszonymi owocami lub musem owocowym. Natychmiast podawaj.

Jajka Zapiekane Ze Śmietanką

Służy 1

Ten sposób przyrządzania jajek jest wysoko ceniony we Francji, gdzie nazywa się go oeufs en cocotte. To z pewnością przystawka z najwyższej półki na przyjęcia, ale stanowi również stylowy posiłek z tostami lub krakersami i zieloną sałatą. Aby zapewnić sukces, zaleca się gotowanie jednego jajka na raz w osobnym naczyniu.

1 jajko
Sól i świeżo mielony czarny pieprz
15 ml/1 łyżka stołowa podwójnej (ciężkiej) śmietany lub crème fraîche
5 ml/1 łyżeczka bardzo drobno posiekanej pietruszki, szczypiorku lub kolendry

Posmaruj małe naczynie na kokilki (kubek na krem) lub pojedyncze naczynie na suflet roztopionym masłem lub margaryną. Delikatnie rozbij jajko i nałóż żółtko dwukrotnie wykałaczką lub czubkiem noża. Doprawiamy dobrze do smaku. Zalać śmietaną i posypać ziołami.

Przykryć spodkiem i gotować na rozmrażaniu przez 3 minuty.
Pozostaw na minutę przed jedzeniem.

Neapolitańskie Jajko Zapiekane

Służy 1

Przygotować jak Cream Baked Egg, ale posmarować jajko 15 ml/1 łyżką passaty (przesianych pomidorów) i dwiema czarnymi oliwkami lub drobno posiekanymi kaparami.

Serowe Fondue

Serwuje 6

Urodzony w Szwajcarii serowy fondue jest ulubieńcem après-ski w alpejskich kurortach lub gdziekolwiek indziej z głębokim śniegiem na wysokich szczytach. Zanurzanie chleba we wspólnym garnku z aromatycznym topionym serem to jeden z najbardziej towarzyskich, zabawnych i relaksujących sposobów na posiłek z przyjaciółmi, a nie ma lepszego kuchennego pomocnika niż kuchenka mikrofalowa.

Podawaj z małymi totami Kirsch i filiżankami gorącej herbaty cytrynowej, aby uzyskać autentyczną atmosferę.

1-2 ząbki czosnku, obrane i przekrojone na pół
175 g/6 uncji/1½ kubka Ser Emmentaler, starty
450 g/1 lb/4 szklanki sera Gruyère (szwajcarskiego), startego
15 ml/1 łyżka mąki kukurydzianej
300 ml/½ pt/1¼ szklanki wina Mosel
5 ml/1 łyżeczka soku z cytryny
30 ml/2 łyżki Kirscha
Sól i świeżo mielony czarny pieprz
Chleb francuski pokrojony w kostkę, do maczania

Dociśnij przekrojone boki połówek czosnku do boków głębokiego szklanego lub glinianego naczynia o pojemności 2,5 litra. Alternatywnie, aby uzyskać mocniejszy smak, zmiażdż czosnek bezpośrednio w naczyniu. Dodaj dwa sery, mąkę kukurydzianą, wino i sok z cytryny. Gotuj bez przykrycia na pełnym ogniu przez 7-9 minut, mieszając cztery razy, aż fondue zacznie powoli gęstnieć. Wyjąć z kuchenki mikrofalowej i wymieszać z Kirsch. Doprawiamy dobrze do smaku. Postaw naczynie na stole i jedz, umieszczając kostkę chleba na długim widelcu do fondue, mieszając ją z mieszanką serową, a następnie wyjmując.

Fondue z Cydrem

Serwuje 6

Przygotuj jak fondue serowe, ale zastąp wytrawny cydr winem i calvados zamiast kirscha i podaj kostki jabłek z czerwoną skórką oraz kostki chleba do maczania.

Fondue z sokiem jabłkowym

Serwuje 6

Bezalkoholowe fondue o słodkim smaku, odpowiednie dla osób w każdym wieku.

Przygotuj jak serowe fondue, ale zastąp wino sokiem jabłkowym i pomiń Kirsch. W razie potrzeby rozcieńczyć odrobiną ciepłej wody.

Różowe fondue

Serwuje 6

Przygotuj jak serowe fondue, ale zastąp 200 g białego sera Cheshire, Lancashire i Caerphilly zamiast sera Emmental i Gruyère (szwajcarski), a białe wino różowe.

Wędzone fondue

Serwuje 6

Przygotuj jak serowe fondue, ale zastąp połowę sera Gruyère (szwajcarskim) 200 g/7 uncji/1¾ szklanki wędzonego sera. Ilość sera Emmentaler nie uległa zmianie.

Niemieckie piwne fondue

Serwuje 6

Przygotuj jak serowe fondue, ale zamień piwo na wino i brandy na Kirsch.

Fondue z ogniem

Serwuje 6

Przygotuj jak serowe fondue, ale dodaj 2-3 czerwone papryczki chilli, pozbawione pestek i bardzo drobno posiekane, zaraz po mące kukurydzianej (skrobia kukurydziana).

Leczy fondue

Serwuje 6

Przygotuj jak Fondue Serowe, ale dodaj do sera 10–15 ml/2–3 łyżeczki łagodnej pasty curry i zastąp Kirsch wódką. Do maczania użyj kawałków podgrzanego indyjskiego chleba.

fondue

Służy 4–6

Włoska wersja serowego fondue, zbyt słodka.

Przygotuj jak serowe fondue, ale zastąp włoski ser Fontina zamiast sera Gruyère (szwajcarskiego) i sera Emmental, włoskim wytrawnym białym winem Mosel i marsalą Kirsch.

Fondue serowo-pomidorowe

Służy 4–6

225 g/2 szklanki dojrzałego sera Cheddar, startego
125 g/4 oz/1 szklanka sera Lancashire lub Wensleydale, pokruszonego
300 ml/10 fl oz/1 puszka skondensowanej zupy pomidorowej
10 ml/2 łyżeczki sosu Worcestershire
Odrobina ostrego sosu paprykowego
45 ml/3 łyżki wytrawnej sherry
Podgrzany chleb ciabatta, do podania

Umieść wszystkie składniki oprócz sherry w szklance lub glinianym naczyniu o pojemności 1,25 litra. Gotuj bez przykrycia w trybie rozmrażania przez 7-9 minut, mieszając trzy lub cztery razy, aż fondue zgęstnieje. Wyjąć z kuchenki mikrofalowej i wymieszać z sherry. Podawaj z kromkami ciepłego chleba ciabatta.

Serowe Fondue

Serwuje 6

Urodzony w Szwajcarii serowy fondue jest ulubieńcem après-ski w alpejskich kurortach lub gdziekolwiek indziej z głębokim śniegiem na wysokich szczytach. Zanurzanie chleba we wspólnym garnku z aromatycznym topionym serem to jeden z najbardziej towarzyskich, zabawnych i relaksujących sposobów na posiłek z przyjaciółmi, a nie ma lepszego kuchennego pomocnika niż kuchenka mikrofalowa. Podawaj z małymi totami Kirsch i filiżankami gorącej herbaty cytrynowej, aby uzyskać autentyczną atmosferę.

1-2 ząbki czosnku, obrane i przekrojone na pół

175 g/6 uncji/1½ kubka Ser Emmentaler, starty

450 g/1 lb/4 szklanki sera Gruyère (szwajcarskiego), startego

15 ml/1 łyżka mąki kukurydzianej

300 ml/½ pt/1¼ szklanki wina Mosel

5 ml/1 łyżeczka soku z cytryny

30 ml/2 łyżki Kirscha

Sól i świeżo mielony czarny pieprz

Chleb francuski pokrojony w kostkę, do maczania

Dociśnij przekrojone boki połówek czosnku do boków głębokiego szklanego lub glinianego naczynia o pojemności 2,5 litra. Alternatywnie, aby uzyskać mocniejszy smak, zmiażdż czosnek bezpośrednio w naczyniu. Dodaj dwa sery, mąkę kukurydzianą, wino i sok z cytryny. Gotuj bez przykrycia na pełnym ogniu przez 7-9 minut, mieszając cztery razy, aż fondue zacznie powoli gęstnieć. Wyjąć z kuchenki mikrofalowej i wymieszać z Kirsch. Doprawiamy dobrze do smaku. Postaw naczynie na stole i jedz, umieszczając kostkę chleba na długim widelcu do fondue, mieszając ją z mieszanką serową, a następnie wyjmując.

Fondue z Cydrem

Serwuje 6

Przygotuj jak fondue serowe, ale zastąp wytrawny cydr winem i calvados zamiast kirscha i podaj kostki jabłek z czerwoną skórką oraz kostki chleba do maczania.

Fondue z sokiem jabłkowym

Serwuje 6

Bezalkoholowe fondue o słodkim smaku, odpowiednie dla osób w każdym wieku.

Przygotuj jak serowe fondue, ale zastąp wino sokiem jabłkowym i pomiń Kirsch. W razie potrzeby rozcieńczyć odrobiną ciepłej wody.

Różowe fondue

Serwuje 6

Przygotuj jak serowe fondue, ale zastąp 200 g białego sera Cheshire, Lancashire i Caerphilly zamiast sera Emmental i Gruyère (szwajcarski), a białe wino różowe.

Wędzone fondue

Serwuje 6

Przygotuj jak serowe fondue, ale zastąp połowę sera Gruyère (szwajcarskim) 200 g/7 uncji/1¾ szklanki wędzonego sera. Ilość sera Emmentaler nie uległa zmianie.

Niemieckie piwne fondue

Serwuje 6

Przygotuj jak serowe fondue, ale zamień piwo na wino i brandy na Kirsch.

Fondue z ogniem

Serwuje 6

Przygotuj jak serowe fondue, ale dodaj 2-3 czerwone papryczki chilli, pozbawione pestek i bardzo drobno posiekane, zaraz po mące kukurydzianej (skrobia kukurydziana).

Leczy fondue

Serwuje 6

Przygotuj jak Fondue Serowe, ale dodaj do sera 10–15 ml/2–3 łyżeczki łagodnej pasty curry i zastąp Kirsch wódką. Do maczania użyj kawałków podgrzanego indyjskiego chleba.

fondue

Służy 4–6

Włoska wersja serowego fondue, zbyt słodka.

Przygotuj jak serowe fondue, ale zastąp włoski ser Fontina zamiast sera Gruyère (szwajcarskiego) i sera Emmental, włoskim wytrawnym białym winem Mosel i marsalą Kirsch.

Fondue serowo-pomidorowe

Służy 4–6

225 g/2 szklanki dojrzałego sera Cheddar, startego
125 g/4 oz/1 szklanka sera Lancashire lub Wensleydale, pokruszonego
300 ml/10 fl oz/1 puszka skondensowanej zupy pomidorowej
10 ml/2 łyżeczki sosu Worcestershire
Odrobina ostrego sosu paprykowego
45 ml/3 łyżki wytrawnej sherry
Podgrzany chleb ciabatta, do podania

Umieść wszystkie składniki oprócz sherry w szklance lub glinianym naczyniu o pojemności 1,25 litra. Gotuj bez przykrycia w trybie rozmrażania przez 7-9 minut, mieszając trzy lub cztery razy, aż fondue zgęstnieje. Wyjąć z kuchenki mikrofalowej i wymieszać z sherry. Podawaj z kromkami ciepłego chleba ciabatta.

Mock Fondue z sera i selera

Służy 4–6

Przygotuj jak Mock Serowe i Pomidorowe Fondue, ale zastąp zupę pomidorową skondensowaną zupą selerową i dopraw ginem zamiast sherry.

Włoskie serowe, śmietankowe i jajeczne fondue

Służy 4–6

1 ząbek czosnku, rozgnieciony
50 g niesolonego (słodkiego) masła o temperaturze kuchennej
450 g/1 lb/4 kubki Ser Fontina, starty
60 ml/4 łyżki mąki kukurydzianej
300 ml/½ pt/1¼ szklanki mleka
2,5 ml/½ łyżeczki startej gałki muszkatołowej
Sól i świeżo mielony czarny pieprz
150 ml/¼ pt/2/3 szklanki śmietanki do ubijania
2 jajka, ubite
Pokrojony włoski chleb, do podania

Umieść czosnek, masło, ser, mąkę kukurydzianą, mleko i gałkę muszkatołową w głębokim szklanym lub glinianym naczyniu o pojemności 2,5 litra. Doprawić do smaku. Gotuj bez przykrycia na pełnym ogniu przez 7-9 minut, mieszając cztery razy, aż fondue zacznie powoli gęstnieć. Wyjąć z kuchenki mikrofalowej i wymieszać ze śmietaną. Gotuj bez przykrycia w całości przez 1 minutę. Wyjąć z kuchenki mikrofalowej i stopniowo ubijać jajka. Podawać z włoskim chlebem do maczania.

Holenderskie fondue wiejskie

Służy 4–6

Miękkie i delikatne fondue, wystarczająco lekkie dla dzieci.

1 ząbek czosnku, rozgnieciony
15 ml/1 łyżka masła
450 g/1 lb/4 szklanki startego sera Gouda
15 ml/1 łyżka mąki kukurydzianej
20 ml/4 łyżeczki musztardy w proszku
Szczypta startej gałki muszkatołowej
300 ml/½ pt/1 ¼ szklanki pełnotłustego mleka
Sól i świeżo mielony czarny pieprz
Chleb w kostkach do podania

Umieść wszystkie składniki w głębokim 2,5-litrowym szklanym lub glinianym naczyniu o pojemności 2,5 litra i dobrze dopraw do smaku. Gotuj bez przykrycia na pełnym ogniu przez 7-9 minut, mieszając cztery razy, aż fondue zacznie powoli gęstnieć. Postaw naczynie na stole i jedz, umieszczając kostkę chleba na długim widelcu do fondue, mieszając ją z mieszanką serową, a następnie wyjmując.

Wiejskie fondue z odrobiną kopa

Służy 4–6

Przygotuj jak holenderskie fondue wiejskie, ale po ugotowaniu dodaj 30–45 ml/2–3 łyżki Genever (holenderski gin).

Jajka Zapiekane W Stylu Flamenco

Służy 1

Roztopione masło lub margaryna
1 mały pomidor, obrany, pozbawiony gniazd nasiennych i posiekany
2 dymki (szalotki), posiekane
1-2 faszerowane oliwki, posiekane
5 ml/1 łyżeczka oleju
15 ml/1 łyżka gotowanej szynki, drobno posiekanej
1 jajko
Sól i świeżo mielony czarny pieprz
15 ml/1 łyżka stołowa podwójnej (ciężkiej) śmietany lub crème fraîche
5 ml/1 łyżeczka bardzo drobno posiekanej pietruszki, szczypiorku lub kolendry

Posmaruj małe naczynie na kokilki (kubek na krem) lub pojedyncze naczynie na suflet roztopionym masłem lub margaryną. Dodaj pomidory, dymkę, oliwki, oliwę i szynkę. Przykryć spodkiem i podgrzewać przez minutę. Delikatnie rozbij jajko i nałóż żółtko dwukrotnie wykałaczką lub czubkiem noża. Doprawiamy dobrze do smaku. Zalać śmietaną i posypać ziołami. Przykryć jak poprzednio i gotować w trybie rozmrażania przez 3 minuty. Pozostaw na minutę przed jedzeniem.

Pudding Chlebowo-Maślany z Serem I Pietruszką

Służy 4–6

4 duże kromki białego chleba
50 g masła o temperaturze kuchennej
175 g/6 uncji/1½ szklanki pomarańczowego sera Cheddar
45 ml/3 łyżki posiekanej natki pietruszki
600 ml/1 porcja/2½ szklanki zimnego mleka
3 jajka
5 ml/1 łyżeczka soli
Papryka

Posmaruj chleb masłem i pokrój każdą kromkę na cztery kwadraty. Nasmaruj masłem naczynie o pojemności 1,75 litra/3 porcje/7½ filiżanki. Ułóż połowę kwadratów chleba, posmarowaną masłem stroną do góry, na dnie naczynia. Posypać dwiema trzecimi sera i całą natką pietruszki. Ułóż pozostały chleb na wierzchu, posmarowanymi masłem bokami do góry. Wlej mleko do dzbanka i podgrzewaj bez przykrycia przez 3 minuty. Jajka ubić na puszystą pianę, następnie stopniowo dodawać mleko. Wmieszaj sól. Powoli wlać do chleba i masła. Wierzch posypać pozostałym serem i posypać papryką. Przykryj papierem kuchennym i gotuj w trybie rozmrażania przez 30 minut. Pozostaw na 5 minut, a następnie zrumień pod gorącym grillem (brojlerem), jeśli chcesz, przed podaniem.

Chlebowo-Maślany Budyń Serowo-Pietruszkowy Z Orzechami Nerkowca

Służy 4–6

Przygotować jak w przypadku chleba z masłem, serem i pietruszką, ale dodać 45 ml/3 łyżki orzechów nerkowca, uprażonych i grubo posiekanych, do sera i pietruszki.

Budyń chlebowo-maślany z czterema serami

Służy 4–6

Przygotuj jak Bread and Butter Cheese and Pietruszka Pudding, ale użyj mieszanki startego sera Cheddar, Edam, Red Leicester i pokruszonego sera Stilton. Zastąp pietruszkę czterema posiekanymi marynowanymi cebulami.

Placki Z Sera I Jaj

Serwuje 4

300 ml/10 fl oz/1 puszka skondensowanej zupy grzybowej
45 ml/3 łyżki stołowe śmietany (jasnej).
125 g/1 szklanka czerwonego sera Leicester, startego
4 ciepłe opiekane racuchy
4 świeże jajka sadzone

Umieść zupę, śmietanę i połowę sera w misce o pojemności 900 ml/1½ pt/3¾ szklanki. Podgrzewaj, bez przykrycia, na pełnej mocy przez 4-5 minut, aż będzie gorąca i gładka, mieszając co minutę. Umieść każdy placek na ogrzanym talerzu i udekoruj jajkiem. Pokryj mieszanką grzybów, posyp pozostałym serem i podgrzewaj jeden po drugim na pełnym ogniu przez około minutę, aż ser się roztopi i zacznie bulgotać. Zjedz natychmiast.

Pudding z serem i pomidorami do góry nogami

Serwuje 4

225 g/8 uncji/2 szklanki samorosnącej (rosnącej) mąki.
5 ml/1 łyżeczka musztardy w proszku
5 ml/1 łyżeczka soli
125 g masła lub margaryny
125 g/1 szklanka sera edamskiego lub cheddar, startego na tarce
2 jajka, ubite
150 ml/¼ pt./2/3 szklanki zimnego mleka
4 duże pomidory, blanszowane, obrane i posiekane
15 ml/1 łyżka posiekanej natki pietruszki lub kolendry

Nasmaruj masłem okrągłą miskę na pudding o pojemności 1,75 litra/3 pt/7½ szklanki. Do miski przesiej mąkę, musztardę w proszku i 2,5 ml/½ łyżeczki soli. Zetrzeć masło lub margarynę, a następnie wymieszać z serem. Zmiksować na gładką masę z jajkami i mlekiem. Rozprowadź płynnie w przygotowanej misce. Gotuj bez przykrycia w całości przez 6 minut. Wymieszaj pomidory z pozostałą solą. Umieścić w płytkiej misce i przykryć talerzem. Wyjmij budyń z piekarnika i ostrożnie odwróć go do płytkiego naczynia. Przykryj papierem kuchennym i gotuj na pełnym ogniu przez kolejne 2 minuty. Wyjąć z piekarnika i przykryć kawałkiem folii, aby zatrzymać ciepło. Umieść pomidory w kuchence mikrofalowej i podgrzewaj na pełnej mocy przez 3 minuty. Polej pudding, posyp ziołami i podawaj na gorąco.

Placuszki do pizzy

Serwuje 4

45 ml/3 łyżki przecieru pomidorowego (pasty)
30 ml / 2 łyżki oliwy z oliwek
1 ząbek czosnku, rozgnieciony
4 ciepłe opiekane racuchy
2 pomidory, cienko pokrojone
175 g sera mozzarella, posiekanego
12 czarnych oliwek

Wymieszaj przecier pomidorowy, oliwę z oliwek i czosnek i rozsmaruj na plackach. Ułóż plastry pomidora na wierzchu. Przykryć serem i nadziać oliwkami. Podgrzewaj pojedynczo na pełnym ogniu przez około 1–1½ minuty, aż ser zacznie się topić. Zjedz natychmiast.

Imbirowy okoń morski z cebulą

Służy 8

Kantońska specjalność i typowe chińskie danie w formie bufetu.

2 labraksy, każdy po 450 g, oczyszczone, ale z głowami
8 cebul dymek (szalotek)
5 ml/1 łyżeczka soli
2,5 ml/½ łyżeczki cukru
2,5 cm/1 kawałek świeżego korzenia imbiru, obranego i drobno posiekanego
45 ml/3 łyżki sosu sojowego

Umyj rybę wewnątrz i na zewnątrz. Osusz papierem kuchennym. Wykonaj trzy ukośne nacięcia ostrym nożem, w odległości około 2,5 cm/1, po obu stronach każdej ryby. Umieścić od głowy do ogona w naczyniu 30 3 20 cm/12 3 8. Pokrój cebulę na czubku i ogonie, pokrój każdą z nich w nitki na całej długości i rozłóż na rybie. Dobrze wymieszaj pozostałe składniki i użyj do pokrycia ryby. Przykryj naczynie folią spożywczą (plastikową) i przetnij ją dwukrotnie, aby para mogła się wydostać. Gotuj przez 12 minut, obracając raz naczynie. Przełóż rybę na talerz do serwowania i posmaruj cebulą i sokiem z naczynia.

Paczki z pstrągami

Serwuje 2

Profesjonalni szefowie kuchni nazywają to truites en papillote. Delikatnie przygotowane pstrągi to po prostu sprytne danie rybne.

2 duże oczyszczone pstrągi, każdy po 450 g, umyte, ale z głowami
1 cebula, cienko pokrojona
1 mała cytryna lub limonka, grubo pokrojona
2 duże suszone liście laurowe, grubo pokruszone
2,5 ml/½ łyżeczki ziół prowansalskich
5 ml/1 łyżeczka soli

Przygotuj dwa prostokąty pergaminu do pieczenia, każdy o wymiarach 40 3 35 cm/16 3 14. Umieść cebulę i plasterki cytryny lub limonki w zagłębieniach ryb z liśćmi laurowymi. Przełożyć do pergaminowych prostokątów i posypać ziołami i solą. Zawiń każdego pstrąga z osobna, a następnie umieść oba opakowania razem w płytkim naczyniu. Gotuj przez 14 minut, raz obracając naczynie. Pozostaw na 2 minuty. Przenieś każdy na ogrzany talerz i otwórz paczki na stole.

Genialna żabnica ze smukłą fasolą

Serwuje 4

125 g fasoli francuskiej (zielonej) lub kenijskiej, z główkami i ogonkami

150 ml/¼ pt./2/3 szklanki wrzątku

450 g/1 funt żabnicy

15 ml/1 łyżka mąki kukurydzianej

1,5–2,5 ml/¼–½ łyżeczki chińskiej przyprawy w proszku

45 ml/3 łyżki wina ryżowego lub średniego sherry

5 ml/1 łyżeczka butelkowanego sosu ostrygowego

2,5 ml/½ łyżeczki oleju sezamowego

1 ząbek czosnku, rozgnieciony

50 ml/2 fl oz/3½ łyżki gorącej wody

15 ml/1 łyżka sosu sojowego

Makaron jajeczny, do podania

Połówki fasoli. Umieścić w okrągłym naczyniu o pojemności 1,25 litra/2¼ pt/5½ szklanki. Dodaj wrzącą wodę. Przykryj folią spożywczą (plastikową) i złóż ją dwukrotnie, aby para mogła się wydostać. Gotuj całkowicie przez 4 minuty. Odcedź i odłóż na bok. Szpinak myjemy i kroimy w wąskie paski. Wymieszaj mąkę kukurydzianą i przyprawy w proszku z winem ryżowym lub sherry, aż uzyskasz gładką konsystencję. Wmieszaj pozostałe składniki. Przełożyć do naczynia, w którym gotowała się fasola. Gotuj bez przykrycia w całości przez 1,5 minuty. Miksuj do uzyskania gładkości, a następnie dodaj fasolę i bulion. Przykryj jak poprzednio i gotuj przez 4 minuty. Pozostaw na 2 minuty, a następnie zamieszaj i podawaj.

Wspaniałe krewetki z Mangetout

Serwuje 4

Przygotuj jak Shining Monkfish ze smukłą fasolą, ale zamiast fasoli zastąp śrutę śnieżną (groszek śnieżny) i gotuj je tylko przez 2½–3 minuty, ponieważ powinny pozostać chrupiące. Zastąp ojczyznę krewetkami w skorupkach (krewetkami).

Dorsz normandzki z cydrem i calvadosem

Serwuje 4

50 g masła lub margaryny
1 cebula, bardzo cienko pokrojona
3 marchewki pokrojone w bardzo cienkie plasterki
50 g pieczarek, przyciętych i pokrojonych w cienkie plasterki
4 duże steki z dorsza, około 225 g/8 uncji każdy
5 ml/1 łyżeczka soli
150 ml/¼ pt/2/3 szklanki cydru
15 ml/1 łyżka mąki kukurydzianej
25 ml/1½ łyżki zimnej wody
15 ml/1 łyżka calvadosu
Pietruszka, do dekoracji

Do głębokiego naczynia o średnicy 20 cm/8 włożyć połowę masła lub margaryny. Topić, bez przykrycia, w całości przez 45–60 sekund. Wymieszaj cebulę, marchewkę i grzyby. Ułóż rybę w jednej warstwie na wierzchu. Proszek z solą. Wlej cydr do naczynia i ułóż steki z pozostałym masłem lub margaryną. Przykryj folią spożywczą (plastikową) i złóż ją dwukrotnie, aby para mogła się wydostać. Gotuj przez 8 minut, obracając naczynie cztery razy. Ostrożnie wlej płyn do gotowania i odstaw. Mąkę kukurydzianą dokładnie wymieszaj z wodą i calvadosem. Dodać sok rybny. Gotuj bez przykrycia na pełnym ogniu przez 2–2,5 minuty, aż sos zgęstnieje, mieszając co 30 sekund. Ułóż rybę na ogrzanym talerzu do serwowania i na warzywach. Polać sosem i udekorować natką pietruszki.

Paella rybna

Służy 6–8

Pierwsze danie z ryżu w Hiszpanii, znane na całym świecie dzięki międzynarodowym podróżom.

900 g/2 lb filet z łososia bez skóry, pokrojony w plastry
1 opakowanie szafranu w proszku
60 ml/4 łyżki gorącej wody
30 ml / 2 łyżki oliwy z oliwek
2 cebule, posiekane
2 ząbki czosnku, zmiażdżone
1 zielona papryka (dzwonek), pozbawiona nasion i grubo posiekana
225 g/8 uncji/1 szklanka włoskiego lub hiszpańskiego ryżu do risotto
175 g/1½ szklanki mrożonego lub świeżego groszku
600 ml/1 porcja/2½ szklanki wrzątku
7,5 ml/1½ łyżeczki soli
3 pomidory, obrane, pozbawione gniazd nasiennych i pokrojone w ćwiartki
75 g szynki gotowanej, pokrojonej w plastry
125 g/4 oz/1 szklanka obranych krewetek (krewetek)
250 g/9 oz/1 duże małże z puszki w solance
Plastry lub plasterki cytryny do dekoracji

Ułóż kostki łososia wokół krawędzi naczynia do zapiekania o średnicy 25 cm (piekarnik holenderski), pozostawiając niewielką szczelinę pośrodku. Przykryj naczynie folią spożywczą (plastikową) i przetnij ją dwukrotnie, aby para mogła się wydostać. Gotuj w trybie rozmrażania przez 10-11 minut, obracając naczynie dwukrotnie, aż ryba będzie wyglądać na łuszczącą się i dopiero ugotowaną. Odcedź i zachowaj płyn, a łososia odłóż na bok. Naczynie umyć i osuszyć. Opróżnij szafran do małej miski, dodaj gorącą wodę i pozostaw do namoczenia na 10 minut. Do oczyszczonego naczynia wlać olej i dodać cebulę, czosnek i zieloną paprykę. Gotuj bez przykrycia w całości przez 4 minuty. Dodać ryż, szafran i wodę z moczenia, groszek, kostki łososia, płyn z łososia, wrzącą wodę i sól. Dokładnie, ale delikatnie wymieszaj. Przykryj jak poprzednio i gotuj przez 10 minut. Pozwól mu siedzieć w kuchence mikrofalowej przez 10 minut. Gotuj całkowicie przez kolejne 5 minut. Odkryć i dokładnie wymieszać pomidory i szynkę. Udekoruj krewetkami, małżami i cytryną i podawaj.

Suszone śledzie

Serwuje 4

4 śledzie, ok. 450 g każdy, filet
2 duże liście laurowe, grubo zmiażdżone
15 ml/1 łyżka mieszanki przyprawy do marynat
2 cebule, posiekane i podzielone na pierścienie
150 ml/¼ pt./2/3 szklanki wrzątku
20 ml/4 łyżeczki cukru pudru
10 ml/2 łyżeczki soli
90 ml/6 łyżek octu słodowego
Chleb z masłem, do podania

Zroluj każdy filet śledziowy od głowy do ogona, skórką do środka. Ułożyć na brzegu głębokiego naczynia o średnicy 25 cm/10. Posypać liśćmi laurowymi i przyprawami. Ułóż krążki cebuli między śledziami. Pozostałe składniki dobrze wymieszać i nałożyć na rybę. Przykryj folią spożywczą (plastikową) i złóż ją dwukrotnie, aby para mogła się wydostać. Gotuj przez 18 minut. Pozostawić do ostygnięcia, a następnie schłodzić. Jeść na zimno z chlebem i masłem.

Moules Marineries

Serwuje 4

Narodowe danie Belgii, zawsze podawane z dodatkiem frytek.

900 ml/2 szt./5 filiżanek świeżych małży

15 g/½ uncji/1 łyżki masła lub margaryny

1 mała cebula, posiekana

1 ząbek czosnku, rozgnieciony

150 ml/¼ pt/2/3 szklanki wytrawnego białego wina

1 saszetka garni bukiet

1 suszony liść laurowy, zmiażdżony

7,5 ml/1 ½ łyżeczki soli

20 ml/4 łyżeczki świeżej białej bułki tartej

20 ml/4 łyżeczki posiekanej natki pietruszki

Umyj małże pod zimną bieżącą wodą. Zeskrob wszelkie pąkle, a następnie odetnij brody. Wyrzuć wszystkie małże z pękniętymi muszlami lub te, które są otwarte; może spowodować zatrucie pokarmowe. Umyć ponownie. Umieść masło lub margarynę w głębokiej misce. Topić bez przykrycia na pełnym ogniu przez około 30 sekund. Wymieszaj cebulę i czosnek. Przykryć talerzem i gotować przez 6 minut, dwukrotnie mieszając. Dodaj wino, bukiet garni, liść laurowy, sól i małże. Delikatnie wymieszaj, aby wymieszać. Przykryj jak poprzednio i gotuj przez 5 minut. Za pomocą łyżki cedzakowej przenieś małże do czterech głębokich misek lub talerzy do zupy. Wmieszaj bułkę tartą i połowę natki pietruszki do płynu do gotowania, a następnie nałóż łyżką małże. Posypać pozostałą natką pietruszki i od razu podawać.

Makrela Z Rabarbarem I Sosem Rodzynkowym

Serwuje 4

Pięknie wybarwiony słodko-kwaśny sos pięknie równoważy bogatą makrelę.

350 g rabarbaru baby, grubo posiekanego
60 ml/4 łyżki wrzącej wody
30 ml/2 łyżki rodzynek
30 ml/2 łyżki cukru pudru
2,5 ml/½ łyżeczki esencji waniliowej (ekstraktu)
Drobno starta skórka i sok z połowy małej cytryny
4 makrele, oczyszczone, pozbawione kości i usunięte głowy
50 g masła lub margaryny
Sól i świeżo mielony czarny pieprz

Umieść rabarbar i wodę w naczyniu żaroodpornym (piekarnik holenderski). Przykryj folią spożywczą (plastikową) i złóż ją dwukrotnie, aby para mogła się wydostać. Gotuj przez 6 minut, obracając naczynie trzy razy. Odkryć i rozgnieść rabarbar na miąższ. Dodać rodzynki, cukier, esencję waniliową i skórkę z cytryny, odstawić. Skórą do siebie, złóż każdą makrelę na pół od głowy do ogona. Umieść masło lub margarynę i sok z cytryny w głębokim naczyniu o średnicy 20 cm/8. Roztapiaj całkowicie przez 2 minuty. Dodać rybę i obtoczyć w roztopionych składnikach. Posypać solą i pieprzem. Przykryj folią spożywczą (plastikową) i złóż ją dwukrotnie, aby para mogła się wydostać. Gotuj na średnim poziomie przez 14–16 minut, aż ryba będzie wyglądać na łuszczącą się. Pozostaw na 2 minuty. Podgrzewaj sos rabarbarowy na pełnej mocy przez minutę i podawaj z makrelą.

Śledź z sosem jabłkowym

Serwuje 4

Przygotuj jak makrela z rabarbarem i sosem z rodzynkami, ale zamiast wody zamiast wody zastąp rabarbar i wrzący cydr obranymi i wypestkowanymi jabłkami do gotowania (tarta). Zostaw rodzynki.

Karp w sosie Fighter

Serwuje 4

1 bardzo świeży karp, oczyszczony i pokrojony na 8 cienkich plasterków

30 ml/2 łyżki octu słodowego

3 marchewki, cienko pokrojone

3 cebule, cienko pokrojone

600 ml/1 porcja/2½ szklanki wrzątku

10-15 ml/2-3 łyżeczki soli

Umyć karpia, a następnie moczyć przez 3 godziny w takiej ilości zimnej wody z dodatkiem octu, aby zakryła rybę. (To usunie błotnisty posmak.) Włóż marchewki i cebulę do głębokiego naczynia o średnicy 23 cm/9 z wrzącą wodą i solą. Przykryj folią spożywczą (plastikową) i złóż ją dwukrotnie, aby para mogła się wydostać. Gotuj przez 20 minut, obracając naczynie cztery razy. Odcedź, zachowując płyn. (Warzywo można wykorzystać w innym miejscu zupy rybnej lub frytek.) Wlej płyn z powrotem do naczynia. Dodaj karpia w jednej warstwie. Przykryj jak poprzednio i gotuj na pełnym ogniu przez 8 minut, dwukrotnie obracając naczynie. Pozostaw na 3 minuty. Wykorzystując porcję ryby, przełóż karpia do płytkiego naczynia. Przykryć i schłodzić. Przelej płyn do dzbanka i schłódź do lekkiego ostygnięcia. Nałóż galaretkę na rybę i podawaj.

Roladki Morelowe

Serwuje 4

75 g suszonych moreli
150 ml/¼ pt./2/3 szklanki zimnej wody
3 kupione rollmopy z posiekaną cebulą
150 g/2/3 szklanki crème fraîche
Mieszane liście sałat
Chrupiący chleb

Morele umyj i pokrój w drobną kostkę. Umieść w misce z zimną wodą. Przykryć odwróconym talerzem i podgrzewać na pełnej mocy przez 5 minut. Pozostaw na 5 minut. Odpływ. Rolmopsy pokroić w paski. Dodaj do moreli z cebulą i crème fraîche. Dobrze wymieszaj. Przykryj i pozostaw do zamarynowania w lodówce na 4-5 godzin. Podawać na liściach sałaty z pieczywem chrupkim.

Gotowany Kipper

Służy 1

Podgrzewanie w kuchence mikrofalowej zatrzymuje zapach rozprzestrzeniający się po domu i pozostawia śledzie soczyste i delikatne.

1 duży niebarwiony śledzik, ok. 450 g
120 ml/4 fl oz/½ szklanki zimnej wody
Masło lub margaryna

Przytnij śledzia, wyrzuć ogon. Moczyć przez 3-4 godziny w kilku zmianach zimnej wody, aby w razie potrzeby zredukować sól, a następnie odcedzić. Umieścić w dużym, płytkim naczyniu z wodą. Przykryj folią spożywczą (plastikową) i złóż ją dwukrotnie, aby para mogła się wydostać. Gotuj całkowicie przez 4 minuty. Podawać na ciepłym talerzu z odrobiną masła lub margaryny.

Krewetki z Madrasu

Serwuje 4

25 g/2 łyżki ghee lub 15 ml/1 łyżka oleju z orzeszków ziemnych
2 cebule, posiekane
2 ząbki czosnku, zmiażdżone
15 ml/1 łyżka ostrego curry w proszku
5 ml/1 łyżeczka mielonego kminku
5 ml/1 łyżeczka garam masala
Sok z 1 małej limonki
150 ml/¼ pt/2/3 szklanki bulionu rybnego lub warzywnego
30 ml/2 łyżki przecieru pomidorowego (pasty)
60 ml/4 łyżki sułtanki (złote rodzynki)
450 g/1 lb/4 szklanki obranych krewetek (krewetek), rozmrożonych, jeśli są zamrożone
175 g gotowanego długiego ryżu
Popadomy

Umieść ghee lub olej w głębokim naczyniu o średnicy 20 cm/8. Podgrzewać, bez przykrycia, w całości przez 1 minutę. Dobrze wymieszaj cebulę i czosnek. Gotuj bez przykrycia w całości przez 3 minuty. Dodać curry, kminek, garam masala i sok z limonki. Gotować bez przykrycia w całości przez 3 minuty, dwukrotnie mieszając. Dodaj bulion, przecier pomidorowy i sułtankę. Przykryć odwróconym talerzem i gotować przez 5 minut. W razie potrzeby odcedź krewetki, a następnie dodaj do naczynia i wymieszaj. Gotuj bez przykrycia w całości przez 1,5 minuty. Podawać z ryżem i popadomami.

Roladki z flądry Martini z sosem

Serwuje 4

8 polędwicy po 175 g każda, umytych i wysuszonych

Sól i świeżo mielony czarny pieprz

Sok z 1 cytryny

2,5 ml/½ łyżeczki sosu Worcestershire

25 g/1 uncja/2 łyżki masła lub margaryny

4 szalotki, obrane i posiekane

100 g szynki gotowanej, pokrojonej w paski

400 g pieczarek, pokrojonych w cienkie plasterki

20 ml/4 łyżeczki mąki kukurydzianej

20 ml/4 łyżeczki zimnego mleka

250 ml/8 fl oz/1 szklanka bulionu z kurczaka

150 g/¼ pt/2/3 szklanki 1 krem (jasny).

2,5 ml/½ łyżeczki cukru pudru (bardzo drobnego).

1,5 ml/¼ łyżeczki kurkumy

10 ml/2 łyżeczki martini bianco

Rybę doprawiamy solą i pieprzem. Marynować w soku z cytryny i sosie Worcestershire przez 15-20 minut. Na patelni roztapiamy masło lub margarynę. Dodaj szalotki i powoli smaż (podsmażaj), aż będą miękkie i półprzezroczyste. Dodaj szynkę i pieczarki i mieszaj przez 7 minut. Wymieszaj mąkę kukurydzianą z zimnym mlekiem na gładką masę i dodaj pozostałe składniki. Zroluj filety z gładzicy i nakłuj je wykałaczkami. Ułożyć w głębokim naczyniu o średnicy 20 cm/8. Posmarować mieszanką grzybową. Przykryj folią spożywczą (plastikową) i złóż ją dwukrotnie, aby para mogła się wydostać. Gotuj w całości przez 10 minut.

Ragout ze skorupiaków z orzechami włoskimi

Serwuje 4

30 ml / 2 łyżki oliwy z oliwek

1 cebula, obrana i posiekana

2 marchewki, obrane i drobno posiekane

3 łodygi selera pokrojone w wąskie paski

1 czerwona papryka (dzwonka), pozbawiona nasion i pokrojona w paski

1 zielona papryka (dzwonek), pozbawiona nasion i pokrojona w paski

1 mała cukinia (cukinia), przycięta i pokrojona w cienkie plasterki

250 ml/8 fl oz/1 kieliszek różowego wina

1 saszetka garni bukiet

325 ml/11 uncji/11/3 szklanki bulionu warzywnego lub rybnego

400 g/14 uncji/1 duża puszka pokrojonych w kostkę pomidorów

125 g/4 oz krążków kalmarów

125 g małży bez skorupek

200 g soli cytrynowej lub fileta z flądry, pokrojonego na kawałki

4 krewetki olbrzymie (jumbo krewetki), ugotowane

50 g grubo posiekanych orzechów włoskich

30 ml/2 łyżki wypestkowanych czarnych oliwek.

10 ml/2 łyżeczki ginu

Sok z połowy małej cytryny

2,5 ml/½ łyżeczki cukru pudru

1 bagietka

30 ml / 2 łyżki grubo posiekanych liści bazylii

Wlej olej do naczynia o pojemności 2,5 litra/4½ pt/11 filiżanek. Podgrzewać, bez przykrycia, w całości przez 2 minuty. Dodaj przygotowane warzywa i wrzuć olej do pokrycia. Przykryj folią spożywczą (plastikową) i złóż ją dwukrotnie, aby para mogła się wydostać. Gotuj w całości przez 5 minut. Dodaj wino i bukiet garni. Przykryj jak poprzednio i gotuj przez 5 minut. Dodaj bulion, pomidory i rybę. Ponownie przykryj i gotuj na pełnym ogniu przez 10 minut. Wymieszaj wszystkie pozostałe składniki oprócz bazylii. Ponownie przykryj i gotuj przez 4 minuty. Posypać bazylią i podawać gorące.

Gorący dorsz

Serwuje 4

25 g/1 uncja/2 łyżki masła lub margaryny
1 cebula, obrana i posiekana
2 marchewki, obrane i drobno posiekane
2 łodygi selera, cienko pokrojone
150 ml/¼ pt./2/3 szklanki średnio wytrawnego białego wina
400 g filetu z dorsza bez skóry, pokrojonego w dużą kostkę
15 ml/1 łyżka mąki kukurydzianej
75 ml/5 łyżek zimnego mleka
350 ml/12 uncji/1½ szklanki bulionu rybnego lub warzywnego
Sól i świeżo mielony czarny pieprz
75 ml/5 łyżek posiekanego koperku
300 ml/½ szklanki/1¼ szklanki podwójnej (ciężkiej) śmietany,
delikatnie ubitej
2 żółtka

Masło lub margarynę włożyć do naczynia żaroodpornego o średnicy 20 cm/8 (piekarnik holenderski). Podgrzewać, bez przykrycia, w całości przez 2 minuty. Wymieszaj warzywa i wino. Przykryj folią spożywczą (plastikową) i złóż ją dwukrotnie, aby para mogła się wydostać. Gotuj w całości przez 5 minut. Pozostaw na 3 minuty. Odkryć. Dodaj rybę do warzyw. Zmieszaj mąkę kukurydzianą z zimnym mlekiem na gładką masę, a następnie dodaj do zapiekanki z bulionem. Sezon. Przykryj jak poprzednio i gotuj przez 8 minut. Dodaj koperek. Dokładnie wymieszaj śmietanę z żółtkami i wlej do zapiekanki. Przykryj i gotuj całkowicie przez 1½ minuty.

Gorący Wędzony Dorsz

Serwuje 4

Przygotować jak dorsza Hot-pot, ale zamienić wędzony filet z dorsza na świeży.

Żabnica w złocistym cytrynowym sosie śmietankowym

Serwuje 6

300 ml/½ pt/1¼ szklanki pełnotłustego mleka
25 g masła lub margaryny o temperaturze kuchennej
675 g steków z polędwicy wołowej, pokrojonych na małe kawałki
45 ml/3 łyżki mąki pszennej (uniwersalnej).
2 duże żółtka
Sok z 1 dużej cytryny
2,5–5 ml/½ –1 łyżeczka soli
2,5 ml/½ łyżeczki drobno posiekanego estragonu
Gotowane pudełka vol-au-vent (muszle pasztecików) lub kromki tostowego chleba ciabatta

Mleko wlewamy do dzbanka i podgrzewamy bez przykrycia do pełna przez 2 minuty. Umieść masło lub margarynę w głębokim naczyniu o średnicy 20 cm/8. Rozmrażaj bez przykrycia w trybie rozmrażania przez 1,5 minuty. Kawałki ryby obtoczyć w mące i dodać do naczynia z masłem lub margaryną. Powoli wlewać mleko. Przykryj folią spożywczą (plastikową) i złóż ją dwukrotnie, aby para mogła się wydostać. Gotuj całkowicie przez 7 minut. Ubij żółtka, sok z cytryny i sól i wymieszaj z rybą. Gotuj bez przykrycia w całości przez 2 minuty. Pozostaw na 5 minut. Dobrze wymieszaj, posyp estragonem i podawaj w pudełkach vol-au-vent lub z plastrami opiekanej ciabatty.

Sola w złocistym cytrynowym sosie śmietankowym

Serwuje 6

Przygotuj jak żabnica w złotym cytrynowym sosie śmietankowym, ale zamiast kawałków żabnicy pokrój ją w paski.

Holenderski Łosoś

Serwuje 4

4 steki z łososia, każdy po 175–200 g
150 ml/¼ pt wody/2/3 szklanki wody lub wytrawnego białego wina
2,5 ml / ½ łyżeczki soli
Sos holenderski

Steki ułożyć wokół boków głębokiego naczynia o średnicy 20 cm/8. Dodaj wodę lub wino. Rybę posyp solą. Przykryj folią spożywczą (plastikową) i złóż ją dwukrotnie, aby para mogła się wydostać. Gotuj w trybie rozmrażania (aby łosoś nie parował) przez 16-18 minut. Pozostaw na 4 minuty. Wyjąć na cztery podgrzane talerze z porcją ryby, odsączyć płyn. Każdą polej sosem holenderskim.

Łosoś Holenderski Z Kolendrą

Serwuje 4

Przygotować jak w przypadku łososia holenderskiego, ale zaraz po ugotowaniu dodać do sosu 30 ml/2 łyżki posiekanej kolendry. Dla dodatkowego smaku dodaj 10 ml/2 łyżeczki posiekanej melisy.

Płatki majonezu z łososia

Serwuje 6

900 g świeżego fileta z łososia, bez skóry
Sól i świeżo mielony czarny pieprz
stopione masło lub margaryna (opcjonalnie)
50 g / 2 uncje / ½ szklanki płatków (posiekanych) migdałów, uprażonych
1 mała cebula, drobno posiekana
30 ml/2 łyżki drobno posiekanej natki pietruszki
5 ml/1 łyżeczka posiekanego estragonu
200 ml/7 fl oz/niewielka 1 szklanka majonezu po francusku
Liście sałaty
Spraye z kopru włoskiego do dekoracji

Łososia podzielić na cztery części. Ułożyć na brzegu głębokiego naczynia o średnicy 25 cm/10. Posyp solą i pieprzem i skrop odrobiną stopionego masła lub margaryny na wierzchu, jeśli chcesz. Przykryj folią spożywczą (plastikową) i złóż ją dwukrotnie, aby para mogła się wydostać. Gotuj w trybie rozmrażania przez 20 minut. Pozostaw do ostygnięcia, a następnie rozdrobnij rybę dwoma widelcami. Przełożyć do miski, dodać połowę migdałów i cebulę, pietruszkę i estragon. Delikatnie wymieszaj majonez, aż będzie dobrze wymieszany i wilgotny. Długie naczynie do serwowania wyłóż liśćmi sałaty. Na wierzchu ułożyć linię majonezu z łososia. Posypać pozostałymi migdałami i udekorować fenkułem.

Grillowany łosoś w stylu śródziemnomorskim

Służy 6–8

Łosoś półkrojony porcja 1,5 kg
60 ml/4 łyżki oliwy z oliwek
60 ml/4 łyżki soku z cytryny
60 ml/4 łyżki przecieru pomidorowego (pasty)
15 ml/1 łyżka posiekanych liści bazylii
7,5 ml/1½ łyżeczki soli
45 ml/3 łyżki małych kaparów, odsączonych
45 ml/3 łyżki posiekanej natki pietruszki

Umyj łososia i upewnij się, że wszystkie łuski zostały zeskrobane. Umieścić w głębokim naczyniu o średnicy 20 cm/8. Wymieszaj pozostałe składniki i połóż na rybie. Przykryć talerzem i odstawić do marynowania w lodówce na 3 godziny. Przykryj folią spożywczą (plastikową) i złóż ją dwukrotnie, aby para mogła się wydostać. Gotuj przez 20 minut, dwukrotnie obracając naczynie. Podziel na porcje do podania.

Kedgeree z Curry

Serwuje 4

Niegdyś danie śniadaniowe, szczególnie kojarzone z kolonialnymi dniami w Indiach na przełomie wieków, kedgeree jest obecnie częściej podawane na lunch.

350 g wędzonego fileta z plamiaka lub dorsza
60 ml/4 łyżki zimnej wody
50 g masła lub margaryny
225 g/8 uncji/1 szklanka ryżu basmati
15 ml/1 łyżka łagodnego curry w proszku
600 ml/1 porcja/2½ szklanki wrzątku
3 jajka na twardo (twardo).
150 ml/¼ porcji/2/3 szklanki 1 krem (jasny).
15 ml/1 łyżka posiekanej natki pietruszki
Sól i świeżo mielony czarny pieprz
Gałązki pietruszki, do dekoracji

Umieść rybę w płytkim naczyniu z zimną wodą. Przykryj folią spożywczą (plastikową) i złóż ją dwukrotnie, aby para mogła się wydostać. Gotuj w całości przez 5 minut. Odpływ. Mięso nakłuwamy dwoma widelcami, usuwamy skórę i kości. Umieść masło lub margarynę w żaroodpornym okrągłym naczyniu o pojemności 1,75 litra i roztapiaj w trybie rozmrażania przez 1½–2 minuty. Wmieszaj ryż, curry w proszku i wrzącą wodę. Przykryj jak poprzednio i gotuj przez 15 minut. Pokrój dwa jajka i wymieszaj w naczyniu z rybą, śmietaną i pietruszką, wymieszaj według uznania. Rozkrój widelcem, przykryj odwróconym talerzem i podgrzewaj na pełnej mocy przez 5 minut. Ubij pozostałe jajko. Wyjmij naczynie z kuchenki mikrofalowej i udekoruj posiekanym jajkiem i gałązkami pietruszki.

Kedgeree z Wędzonym Łososiem

Serwuje 4

Przygotuj jak Kedgeree z Curry, ale zamiast plamiaka lub wędzonego dorsza zastąp 225 g wędzonego łososia (lox), pokrojonego w paski. Wędzonego łososia nie trzeba wcześniej gotować.

Quiche z wędzonej ryby

Serwuje 6

175 g/6 uncji ciasta kruchego (podstawowe ciasto)
1 żółtko, ubite
125 g wędzonych ryb, takich jak makrela, plamiak, dorsz lub pstrąg, gotowanych i obranych ze skóry
3 jajka
150 ml/¼ pt/2/3 szklanki kwaśnej śmietany (mleko kwaśne).
30 ml/2 łyżki majonezu
Sól i świeżo mielony czarny pieprz
75 g/3 oz/¾ szklanki Ser Cheddar, starty
Papryka
Mieszana sałatka

Lekko posmarować masłem naczynie szklane lub porcelanowe o średnicy 20 cm/8. Ciasto rozwałkować i wyłożyć nim natłuszczoną formę. Nakłuj dobrze wokół, szczególnie tam, gdzie bok styka się z podstawą. Gotuj bez przykrycia na pełnej mocy przez 6 minut, dwukrotnie obracając naczynie. Jeśli pojawi się obrzęk, dociśnij palcami osłoniętymi rękawicami kuchennymi. Wciśnij wnętrze tortownicy (ciasteczko) z żółtkiem. Gotuj w całości przez minutę, aby uszczelnić wszelkie dziury. Wyjąć z piekarnika. Przykryj podstawę rybą. Jajka ubij ze śmietaną i majonezem, dopraw do smaku. Wlać do quiche i posypać serem i papryką. Gotuj bez przykrycia w całości przez 8 minut. Podawać na gorąco z sałatką.

Gumbo z krewetkami z Luizjany

Służy 8

3 cebule, posiekane

2 ząbki czosnku

3 łodygi selera, drobno posiekane

1 zielona papryka (dzwonek), pozbawiona nasion i drobno posiekana

50 g/2 uncje/¼ szklanki masła

60 ml/4 łyżki mąki pszennej (uniwersalnej).

900 ml/1½ pt/3¾ szklanki gorącego bulionu warzywnego lub drobiowego

350 g/12 oz okra (palce damskie), z twarzą i ogonem

15 ml/1 łyżka soli

10 ml/2 łyżeczki mielonej kolendry (kolendry)

5 ml/1 łyżeczka kurkumy

2,5 ml/½ łyżeczki mielonych przypraw

30 ml/2 łyżki soku z cytryny

2 liście laurowe

5–10 ml/1–2 łyżeczki sosu Tabasco

450 g/1 lb/4 szklanki gotowanych krewetek w skorupkach (krewetki), rozmrożonych, jeśli są zamrożone

350 g gotowanego ryżu długiego

Umieść cebulę w misce o pojemności 2,5 litra/4½ szt./11 filiżanek. Zmiażdż czosnek na wierzchu. Dodać seler i zieloną paprykę. Całkowicie roztapiaj masło przez 2 minuty. Wmieszaj mąkę. Gotuj bez przykrycia na pełnym ogniu przez 5–7 minut, mieszając cztery razy i uważnie obserwując, czy się nie przypaliło, aż mieszanina stanie się jasną zasmażką w kolorze biszkoptu. Stopniowo wmieszaj bulion. Odłożyć na bok. Pokrój okrę na kawałki i dodaj do warzyw wraz ze wszystkimi pozostałymi składnikami oprócz tabasco i krewetek, ale z zasmażką. Przykryj folią spożywczą (plastikową) i złóż ją dwukrotnie, aby para mogła się wydostać. Gotuj w całości przez 25 minut. Pozostaw na 5 minut. Wmieszaj Tabasco i krewetki. Przełóż łyżką do ogrzanych głębokich misek i dodaj do każdej kupkę świeżo ugotowanego ryżu. Zjedz natychmiast.

Żabnica Gumbo

Służy 8

Przygotuj jak Louisiana Prawn Gumbo, ale zamiast krewetek zastąp tę samą wagę żabnicy bez kości, pokrojonej w paski. Przykryj folią spożywczą (folią) i gotuj przez 4 minuty przed przełożeniem do misek.

Gumbo Mieszane Ryby

Służy 8

Przygotuj jak Louisiana Prawn Gumbo, ale zastąp krewetki (krewetki) różnymi pokrojonymi w kostkę filetami rybnymi.

Pstrąg Z Migdałami

Serwuje 4

50 g/2 uncje/¼ szklanki masła

15 ml/1 łyżka soku z cytryny

4 średnie pstrągi

50 g / 2 uncje / ½ szklanki płatków (posiekanych) migdałów, uprażonych

Sól i świeżo mielony czarny pieprz

4 ćwiartki cytryny

Gałązki pietruszki

Roztapiaj masło w trybie rozmrażania przez 1,5 minuty. Wmieszaj sok z cytryny. Umieść pstrąga, od głowy do ogona, w naczyniu 25 3 20 cm/10 3 8 z masłem. Posmaruj rybę mieszanką maślaną i posyp migdałami i przyprawami. Przykryj folią spożywczą (plastikową) i złóż ją dwukrotnie, aby para mogła się wydostać. Gotuj przez 9-12 minut, dwukrotnie obracając naczynie. Pozostaw na 5 minut. Przełożyć na cztery podgrzane talerze. Zalać płynem z gotowania i udekorować plasterkami cytryny i gałązkami pietruszki.

Krewetki Prowansalskie

Serwuje 4

225 g/8 uncji/1 szklanka łatwego do gotowania ryżu długoziarnistego
600 ml/1 porcja/2½ szklanki gorącego bulionu rybnego lub drobiowego
5 ml/1 łyżeczka soli
15 ml/1 łyżka oliwy z oliwek
1 cebula, starta
1-2 ząbki czosnku, zmiażdżone
6 dużych, bardzo dojrzałych pomidorów, blanszowanych, obranych i posiekanych
15 ml/1 łyżka posiekanych liści bazylii
5 ml/1 łyżeczka ciemnego miękkiego brązowego cukru
450 g/1 lb/4 szklanki mrożonych krewetek w skorupkach (krewetki), nie rozmrożonych
Sól i świeżo mielony czarny pieprz
posiekana pietruszka

Umieść ryż w naczyniu o pojemności 2 l/3½ szt./8½ filiżanki. Wlej gorący bulion i sól. Przykryj folią spożywczą (plastikową) i złóż ją dwukrotnie, aby para mogła się wydostać. Gotuj przez 16 minut.

Odstaw na 8 minut, aby ryż wchłonął całą wilgoć. Wlej olej do naczynia do serwowania o pojemności 1,75 litra. Podgrzewać, bez przykrycia, w całości przez 1,5 minuty. Wymieszaj cebulę i czosnek. Gotować bez przykrycia w całości przez 3 minuty, dwukrotnie mieszając. Dodaj pomidory do bazylii i cukru. Przykryć talerzem i gotować przez 5 minut, mieszając dwukrotnie. Dodać zamrożone krewetki i przyprawić do smaku. Przykryj jak poprzednio i gotuj przez 4 minuty, a następnie delikatnie rozdziel krewetki. Ponownie przykryj i gotuj na pełnym ogniu przez kolejne 3 minuty. Niech siedzi. Przykryj ryż talerzem i ponownie podgrzej w trybie rozmrażania przez 5-6 minut. Nałóż łyżkę na cztery podgrzane talerze i połóż na wierzchu mieszankę ryb i pomidorów. Posyp natką pietruszki i podawaj na gorąco.

Flądra w sosie selerowym z prażonymi migdałami

Serwuje 4

8 polędwicy, łączna waga ok. 1 kg
300 ml/10 fl oz/1 puszka skondensowanej śmietany zupy selerowej
150 m/¼ pt/2/3 szklanki wrzącej wody
15 ml/1 łyżka drobno posiekanej natki pietruszki
30 ml/2 łyżki posiekanych migdałów, uprażonych

Zroluj filety rybne od głowy do ogona, skórką do środka. Ułóż wokół krawędzi głębokiego naczynia o średnicy 25 cm/10 cali, wysmarowanego masłem. Delikatnie wymieszaj zupę i wodę i wymieszaj z pietruszką. Połóż łyżkę na rybie. Przykryj naczynie folią spożywczą (plastikową) i przetnij ją dwukrotnie, aby para mogła się wydostać. Gotuj przez 12 minut, dwukrotnie obracając naczynie. Pozostaw na 5 minut. Gotuj całkowicie przez kolejne 6 minut. Nakładać na ogrzane talerze i podawać posypane migdałami.

Filety W Sosie Pomidorowym Majeranek

Serwuje 4

Przygotować jak flądrę w sosie z prażonych migdałów, ale zamienić seler na skondensowaną zupę pomidorową i 2,5 ml/½ łyżeczki suszonego majeranku na pietruszkę.

Filety W Sosie Pieczarkowym Z Rukwią Wodną

Serwuje 4

Przygotować jak gładzicę w sosie selerowo-migdałowym, ale seler zastąpić skondensowaną zupą grzybową, a natkę pietruszki dodać 30 ml/2 łyżki posiekanej rzeżuchy.

Zapiekany Dorsz Z Jajkiem W Koszulce

Serwuje 4

Znaleziono to w dziewiętnastowiecznym odręcznym zeszycie, który należał do babci starego przyjaciela.

675 g fileta z dorsza bez skóry
10 ml/2 łyżeczki roztopionego masła lub margaryny lub oleju słonecznikowego
Papryka
Sól i świeżo mielony czarny pieprz
50 g masła lub margaryny
8 dużych cebul dymek (szallionów), przyciętych i posiekanych
350 g ziemniaków gotowanych na zimno, pokrojonych w kostkę
150 ml/¼ porcji/2/3 szklanki 1 krem (jasny).
5 ml/1 łyżeczka soli
4 jajka
175 ml/6 uncji/¾ szklanki ciepłej wody

5 ml/1 łyżeczka octu

Ułóż rybę w płytkim naczyniu. Posmarować odrobiną stopionego masła, margaryny lub oleju. Doprawiamy papryką, solą i pieprzem. Przykryj folią spożywczą (plastikową) i złóż ją dwukrotnie, aby para mogła się wydostać. Gotuj w trybie rozmrażania przez 14–16 minut. Nakłuj rybę dwoma widelcami, usuń kości. Pozostałe masło, margarynę lub olej włożyć do naczynia żaroodpornego o średnicy 20 cm (piekarnik holenderski). Podgrzewać bez przykrycia w trybie rozmrażania przez 1½ –2 minuty. Wmieszaj cebulę. Przykryć talerzem i gotować do końca przez 5 minut. Rybę wymieszać z ziemniakami, śmietaną i solą. Przykryć jak poprzednio i ponownie podgrzewać w trybie Whole przez 5-7 minut, aż będzie bardzo gorący, mieszając raz lub dwa razy. Trzymaj się ciepło. Aby ugotować jajka, delikatnie wbij dwa do małego naczynia i dodaj połowę wody i połowę octu. Zbierz żółtko czubkiem noża. Przykryć talerzem i gotować przez 2 minuty. Pozwól mu siedzieć przez minutę. Powtórz z pozostałymi jajkami, gorącą wodą i octem. Nałóż porcje haszyszu na cztery podgrzane talerze i połóż na każdym z nich jajko.

Plamiak i Warzywa W Sosie Cydrowym

Serwuje 4

50 g masła lub margaryny
1 cebula, cienko pokrojona i podzielona na pierścienie
3 marchewki, cienko pokrojone
50 g pieczarek pokrojonych w plasterki
4 sztuki filetowanego i obranego ze skóry plamiaka lub innej białej ryby
5 ml/1 łyżeczka soli
150 ml/¼ pt/2/3 filiżanki średniosłodkiego cydru
10 ml/2 łyżeczki mąki kukurydzianej
15 ml/1 łyżka zimnej wody

Do głębokiego naczynia o średnicy 20 cm/8 włożyć połowę masła lub margaryny. Rozmrażaj bez przykrycia w trybie rozmrażania przez około 1,5 minuty. Dodaj cebulę, marchewkę i pieczarki. Ułóż rybę na wierzchu. Posypać solą. Cydrem powoli polać rybę. Pokrop pozostałym masłem lub margaryną. Przykryj folią spożywczą (plastikową) i złóż ją dwukrotnie, aby para mogła się wydostać. Gotuj w całości przez 8 minut. W szklanym dzbanku wymieszaj płynnie mąkę kukurydzianą z zimną wodą i delikatnie wmieszaj wywar rybny. Gotuj bez przykrycia na pełnym ogniu przez 2,5 minuty, aż zgęstnieje, mieszając co minutę. Polać rybą i warzywami. Nakładać na ogrzane talerze i od razu jeść.

Ciasto nad morzem

Serwuje 4

Na polewę:
700 g / 1½ funta mąki ziemniaczanej, nieobranej wagi
75 ml/5 łyżek wrzącej wody
15 ml/1 łyżka masła lub margaryny
75 ml/5 łyżek mleka lub śmietanki (jasnej).
Sól i świeżo mielony pieprz
Startej gałki muszkatołowej

Na sos:
300 ml/½ pt/1¼ szklanki zimnego mleka
30 ml/2 łyżki masła lub margaryny

20 ml/4 łyżeczki mąki pszennej (uniwersalnej).

75 ml/5 łyżek czerwonego sera Leicester lub kolorowego Cheddar, startego

5 ml/1 łyżeczka całej musztardy

5 ml/1 łyżeczka sosu Worcestershire

Na mieszankę rybną:

450 g filetów z białej ryby bez skóry, w temperaturze kuchennej

Roztopione masło lub margaryna

Papryka

60 ml/4 łyżki czerwonego sera Leicester lub kolorowego Cheddar, startego

Aby zrobić polewę, umyj i obierz ziemniaki i pokrój je w dużą kostkę. Umieścić w 1,5-litrowym naczyniu z wrzącą wodą. Przykryj folią spożywczą (plastikową) i złóż ją dwukrotnie, aby para mogła się wydostać. Gotuj przez 15 minut, dwukrotnie obracając naczynie. Pozostaw na 5 minut. Odsączyć i dobrze rozgnieść z masłem lub margaryną i mlekiem lub śmietaną, ubić na puszystą masę. Doprawiamy do smaku solą, pieprzem i gałką muszkatołową.

Aby zrobić sos, podgrzewaj mleko bez przykrycia na pełnej mocy przez 1,5 minuty. Odłożyć na bok. Roztapiaj masło lub margarynę bez przykrycia w trybie rozmrażania przez 1–1½ minuty. Wmieszaj mąkę. Gotuj bez przykrycia na pełnej mocy przez 30 sekund. Stopniowo mieszaj z mlekiem. Gotuj całość przez około 4 minuty, mieszając co minutę, aby zapewnić gładkość, aż sos zgęstnieje. Ser wymieszać z pozostałymi składnikami sosu.

Aby przygotować mieszankę rybną, ułóż filety w płytkim naczyniu i posmaruj roztopionym masłem lub margaryną. Doprawiamy papryką, solą i pieprzem. Przykryj folią spożywczą (plastikową) i złóż ją dwukrotnie, aby para mogła się wydostać. Gotuj w pełni przez 5-6 minut. Nakłuj rybę dwoma widelcami, usuwając ewentualne ości. Przełożyć do wysmarowanego masłem naczynia o pojemności 1,75 litra/3 porcje/7½ szklanki. Wymieszaj sos. Przykryć ziemniakami i posypać serem i dodatkową papryką. Podgrzewać bez przykrycia w całości przez 6-7 minut.

Toppery z wędzonej ryby

Serwuje 2

2 porcje mrożonego wędzonego plamiaka, 175 g/6 uncji każda
Świeżo mielony czarny pieprz
1 mała cukinia (cukinia), posiekana
1 mała cebula, cienko pokrojona
2 pomidory, obrane, pozbawione gniazd nasiennych i posiekane

½ czerwonej papryki (dzwonkowej), pozbawionej nasion i pokrojonej w paski

15 ml/1 łyżka posiekanego szczypiorku

Rybę ułożyć w głębokim naczyniu o średnicy 18 cm/7. Doprawić pieprzem. Przykryj folią spożywczą (plastikową) i złóż ją dwukrotnie, aby para mogła się wydostać. Gotuj w całości przez 8 minut. Łyżką soku polej rybę, a następnie odstaw na minutę. Umieść warzywa w innym średniej wielkości naczyniu do zapiekania (piekarnik holenderski). Przykryć talerzem i gotować przez 5 minut, raz mieszając. Połóż warzywa na rybie. Przykryj jak poprzednio i gotuj przez 2 minuty. Posypać szczypiorkiem i podawać.

Filety Coley z marmoladą z pora i cytryny

Serwuje 2

Niecodzienna aranżacja Edinburgh Seafood Authority, która przekazała również trzy poniższe przepisy.

15 ml/1 łyżka masła

1 ząbek czosnku, obrany i zmiażdżony

1 por, podzielony i pokrojony w cienkie plasterki

2 filety z coley, po 175 g/6 uncji każdy, bez skóry
Sok z połowy cytryny
10 ml/2 łyżeczki marmolady cytrynowej
Sól i świeżo mielony czarny pieprz

Umieść masło, czosnek i pory w głębokim naczyniu o średnicy 18 cm/7. Przykryj folią spożywczą (plastikową) i złóż ją dwukrotnie, aby para mogła się wydostać. Gotuj całkowicie przez 2½ minuty. Odkryć. Ułożyć filety na wierzchu i skropić połową soku z cytryny. Przykryj jak poprzednio i gotuj przez 7 minut. Przenieś rybę na dwa ogrzane talerze i trzymaj w cieple. Pozostały sok z cytryny, marmoladę i przyprawy wymieszać z sokiem rybnym i porem. Przykryj talerzem i gotuj przez 1,5 minuty. Nałóż łyżkę na rybę i podawaj.

Ryba morska w kurtce

Serwuje 4

4 pieczone ziemniaki, nieobrane, ale dobrze obrane
450 g filetów z białej ryby, obranych ze skóry i pokrojonych w kostkę
45 ml/3 łyżki masła lub margaryny
3 dymki (szalotki), przycięte i posiekane
30 ml/2 łyżki musztardy w całości

1,5 ml/¼ łyżeczki papryki plus dodatkowo do posypania

30–45 ml/2–3 łyżki jogurtu naturalnego

Sól

Postaw ziemniaki bezpośrednio na talerzu obrotowym, przykryj papierem kuchennym i gotuj na pełnym ogniu przez 16 minut. Zawiń w czysty ręcznik (ściereczkę) i odłóż na bok. Umieść rybę w naczyniu żaroodpornym o średnicy 18 cm/7 (piec holenderski) z masłem lub margaryną, dymką, musztardą i papryką. Przykryć talerzem i gotować przez 7 minut, dwukrotnie mieszając. Pozostaw na 2 minuty. Jogurt wymieszać z solą do smaku. Na każdym ziemniaku naciąć krzyż i delikatnie nacisnąć, aby się otworzył. Napełnij mieszanką rybną, oprósz papryką i jedz na gorąco.

Szwedzki dorsz z roztopionym masłem i jajkami

Serwuje 4

300 ml/½ pt/1¼ szklanki zimnej wody

3 całe goździki

5 jagód jałowca

1 liść laurowy, zmiażdżony

2,5 ml/½ łyżeczki mieszanki przypraw do marynat
1 cebula, pokrojona w ćwiartki
10 ml/2 łyżeczki soli
4 świeże steki z dorsza przekrojone na pół, każdy po 225 g
75 g/3 uncji/2/3 szklanki masła
2 jajka na twardo (na twardo) (strony 98–9), obrane i posiekane

W szklanym dzbanku umieścić wodę, goździki, jagody jałowca, liście laurowe, przyprawy do piklowania, ćwiartki cebuli i sól. Przykryj folią spożywczą (plastikową) i złóż ją dwukrotnie, aby para mogła się wydostać. Gotuj w całości przez 15 minut. Napięcie. Rybę przełożyć do głębokiego naczynia o średnicy 25 cm/10 i zalać odcedzonym płynem. Przykryć folią spożywczą i przełamać ją dwukrotnie, aby para mogła się ulotnić. Gotuj przez 10 minut, dwukrotnie obracając naczynie. Przenieś rybę do podgrzanego naczynia, używając porcji ryby i trzymaj w cieple. Roztapiaj masło bez przykrycia w trybie rozmrażania przez 2 minuty. Polać rybę. Posypać roztrzepanymi jajkami i podawać.

Strogonow z owocami morza

Serwuje 4

30 ml/2 łyżki masła lub margaryny
1 ząbek czosnku, rozgnieciony

1 cebula, posiekana

125 g pieczarek

700 g filetów z białej ryby, obranych ze skóry i pokrojonych w kostkę

150 ml/¼ pt/2/3 szklanki kwaśnej śmietany (mlecznej) lub crème fraîche

Sól i świeżo mielony czarny pieprz

30 ml/2 łyżki posiekanej natki pietruszki

Masło lub margarynę włożyć do naczynia żaroodpornego o średnicy 20 cm/8 (piekarnik holenderski). Rozmrażaj bez przykrycia w trybie rozmrażania przez 2 minuty. Dodaj czosnek, cebulę i pieczarki. Przykryj folią spożywczą (plastikową) i złóż ją dwukrotnie, aby para mogła się wydostać. Gotuj całkowicie przez 3 minuty. Dodaj kostki rybne. Przykryj jak poprzednio i gotuj przez 8 minut. Wymieszaj ze śmietaną i dopraw solą i pieprzem. Ponownie przykryj i gotuj przez 1,5 minuty. Podawać posypane natką pietruszki.

Strogonow ze świeżego tuńczyka

Serwuje 4

Przygotuj jak Seafood Stroganoff, ale zastąp białą rybę bardzo świeżym tuńczykiem.

Ragout z białej ryby Supreme

Serwuje 4

30 ml/2 łyżki masła lub margaryny
1 cebula, posiekana
2 marchewki, drobno posiekane
6 łodyg selera, cienko pokrojonych
150 ml/¼ pt./2/3 szklanki białego wina
400 g filetów z dorsza lub plamiaka ze skórą, pokrojonych w plastry
10 ml/2 łyżeczki mąki kukurydzianej
90 ml/6 łyżek śmietanki pojedynczej (jasnej).
150 ml/¼ pt/2/3 szklanki bulionu warzywnego
Sól i świeżo mielony czarny pieprz
2,5 ml/½ łyżeczki esencji anchois (ekstraktu) lub sosu Worcestershire
30 ml/2 łyżki siekanego koperku
300 ml/½ porcji/1¼ szklanki śmietanki do ubijania
2 żółtka

Masło lub margarynę włożyć do naczynia żaroodpornego o średnicy 20 cm/8 (piekarnik holenderski). Podgrzewać, bez przykrycia, w całości przez 2 minuty. Dodaj warzywa i wino. Przykryj folią spożywczą (plastikową) i złóż ją dwukrotnie, aby para mogła się wydostać. Gotuj w całości przez 5 minut. Pozostaw na 3 minuty. Dodaj rybę do warzyw. Mąkę kukurydzianą delikatnie wymieszaj ze śmietaną, a następnie wymieszaj z bulionem. Dopraw solą, pieprzem i esencją anchois lub sosem Worcestershire. Polać rybę. Przykryj jak poprzednio i gotuj przez 8 minut. Wymieszaj z koperkiem, następnie ubij razem śmietanę i żółtka i wmieszaj do mieszanki rybnej. Przykryć jak poprzednio i gotować w trybie rozmrażania przez 3 minuty.

Mus z łososia

Służy 8

30 ml/2 łyżki żelatyny w proszku

150 ml/¼ pt./2/3 szklanki zimnej wody

418 g/15 uncji/1 duża puszka czerwonego łososia

150 ml/¼ pt/2/3 szklanki kremowego majonezu

15 ml/1 łyżka stołowa łagodnej musztardy

10 ml/2 łyżeczki sosu Worcestershire

30 ml/2 łyżki owocowego chutney, w razie potrzeby posiekanego

Sok z połowy dużej cytryny

2 duże białka jaj

Szczypta soli

Rukiew wodna, plastry ogórka, zielona sałata i plasterki świeżej limonki do dekoracji

Wymieszać żelatynę w 75 ml/5 łyżek zimnej wody i odstawić na 5 minut, aby zmiękła. Rozmrażaj bez przykrycia w trybie rozmrażania przez 2½–3 minuty. Wymieszaj ponownie i wymieszaj z pozostałą wodą. Przełóż zawartość puszki łososia do dość dużej miski i rozdrobnij widelcem, usuwając skórę i ości, a następnie dość drobno rozgnieć. Wymieszać stopioną żelatynę, majonez, musztardę, sos Worcestershire, chutney i sok z cytryny. Przykryć i schłodzić, aż zacznie gęstnieć i zestalić brzegi. Ubij białka na sztywną pianę. Ubij jedną trzecią mieszanki łososia z solą. Dodaj pozostałe białka i przenieś mieszaninę do pierścieniowej formy o pojemności 1,5 litra/2½ pt/6 filiżanek, najpierw przepłukując zimną wodą. Przykryć folią spożywczą (plastikową) i schładzać przez 8 godzin, aż stężeje. przed podaniem, szybko zanurz formę do krawędzi w zimnej wodzie i wyjmij ją, aby się poluzowała. Delikatnie przesuń mokrym nożem po bokach, a następnie odwróć do dużego mokrego naczynia. (Moczenie zapobiegnie sklejaniu się żelatyny.) Udekoruj atrakcyjnie dużą ilością rzeżuchy, plasterków ogórka, sałaty i kawałków limonki.

Dietetyczny mus z łososia

Służy 8

Przygotować jak Mus z Łososia, ale zamiast majonezu zamienić ser fromage frais lub twaróg.

Krab Mornay

Serwuje 4

300 ml/½ pt/1¼ szklanki pełnotłustego mleka
10 ml/2 łyżeczki mieszanki przypraw do marynat
1 mała cebula, pokrojona na 8 klinów
2 gałązki pietruszki
Szczypta gałki muszkatołowej
30 ml/2 łyżki masła
30 ml/2 łyżki mąki pszennej (uniwersalnej).
Sól i świeżo mielony czarny pieprz
75 g/¾ szklanki sera Gruyère (szwajcarskiego), startego
5 ml/1 łyżeczka musztardy kontynentalnej
350 g przygotowanego jasnego i ciemnego mięsa kraba
Plasterki tostów

Wlej mleko do szklanego lub plastikowego dzbanka i wymieszaj z przyprawami do marynowania, ćwiartkami cebuli, natką pietruszki i gałką muszkatołową. Przykryć talerzem i podgrzewać na pełnym ogniu przez 5-6 minut, aż mleko zacznie gęstnieć. Napięcie. Umieść masło w misce o pojemności 1,5 litra/2,5 litra/6 filiżanek i roztapiaj w trybie rozmrażania przez 1,5 minuty. Wymieszaj mąkę. Gotuj całkowicie przez 30 sekund. Stopniowo wlewaj gorące mleko. Gotuj całość przez około 4 minuty, mieszając co minutę, aż sos się zagotuje i zgęstnieje. Dopraw solą i pieprzem i wymieszaj z serem i musztardą. Gotuj przez 30 sekund lub do momentu, aż ser się rozpuści. Wmieszaj mięso kraba. Przykryć talerzem i podgrzewać na pełnej mocy przez 2-3 minuty. Podawać na świeżo upieczonych tostach.

Poranny tuńczyk

Serwuje 4

Przygotuj jak Crab Mornay, ale zamiast mięsa kraba zastąp tuńczyka w oleju z puszki. Mięso nakłuć dwoma widelcami i dodać do sosu z olejem z puszki.

Poranek z czerwonego łososia

Serwuje 4

Przygotuj jak Crab Mornay, ale zamiast mięsa kraba zastąp czerwonego łososia z puszki, odsączonego i oskórowanego.

Połączenie owoców morza i orzechów

Serwuje 4

45 ml/3 łyżki oliwy z oliwek

1 cebula, posiekana

2 marchewki, posiekane

2 łodygi selera, cienko pokrojone

1 czerwona papryka (dzwonka), pozbawiona nasion i pokrojona w paski

1 zielona papryka (dzwonek), pozbawiona nasion i pokrojona w paski

1 mała cukinia (cukinia), pokrojona w cienkie plasterki

250 ml/8 fl oz/1 szklanka białego wina

Szczypta mieszanki przypraw

300 ml/½ porcji/1¼ szklanki bulionu rybnego lub warzywnego

450 g dojrzałych pomidorów, blanszowanych, obranych i posiekanych

125 g/4 oz krążków kalmarów

400 g fileta z halibuta lub cytrynowej soli, pokrojonego w kwadraty

125 g gotowanych małży

4 duże gotowane krewetki (krewetki)

50 g połówek lub kawałków orzecha włoskiego

50 g/1/3 szklanki sułtanek (złote rodzynki)

Odrobina sherry

Sól i świeżo mielony czarny pieprz

Sok z 1 cytryny

30 ml/2 łyżki posiekanej natki pietruszki

Rozgrzej olej w 2,5-litrowym naczyniu żaroodpornym (piekarnik holenderski) wypełnionym przez 2 minuty. Dodaj wszystkie warzywa. Gotować bez przykrycia w całości przez 5 minut, dwukrotnie mieszając. Dodaj wino, przyprawy, bulion i pomidory do wszystkich ryb i owoców morza. Przykryj folią spożywczą (plastikową) i złóż ją dwukrotnie, aby para mogła się wydostać. Gotuj w całości przez 10 minut. Wymieszaj wszystkie pozostałe składniki oprócz pietruszki. Przykryj jak poprzednio i gotuj przez 4 minuty. Odkryć, posypać natką pietruszki i natychmiast podawać.

Łosoś Pierścieniowy Z Koperkiem

Służy 8–10

125 g/3½ kromki białego chleba o luźnej strukturze
900 g świeżego fileta z łososia bez skóry, pokrojonego w plastry
10 ml/2 łyżeczki butelkowanego sosu anchois
5–7,5 ml/1–1½ łyżeczki soli
1 ząbek czosnku, rozgnieciony
4 duże jajka, ubite
25 g świeżego koperku
biały pieprz

Głębokie naczynie o średnicy 23 cm/9 posmarować lekko masłem. Bułka tarta w robocie kuchennym. Dodaj wszystkie pozostałe składniki. Pulsuj maszynę, aż mieszanina się połączy, a ryba zostanie grubo zmielona. Unikaj nadmiernego mieszania lub mieszanina będzie ciężka i gęsta. Rozłóż równomiernie w przygotowanym naczyniu i wciśnij słoiczek z dżemem dla dzieci (konserwowanie) lub kieliszek do jajka o prostych ściankach do środka, tak aby mieszanina utworzyła okrąg. Przykryj folią spożywczą (plastikową) i złóż ją dwukrotnie, aby para mogła się wydostać. Gotuj przez 15 minut, dwukrotnie obracając naczynie. (Pierścień skurczy się i odsunie od ścianek naczynia). Odstaw do ostygnięcia, a następnie ponownie przykryj i wstaw do lodówki. Pokroić w kliny i podawać. Resztki można wykorzystać do kanapek.

Mieszany Pierścień Rybny Z Pietruszką

Służy 8–10

Przygotować jak w przypadku Pierścienia z Łososia z Koperkiem, ale zastąpić łososia mieszanką świeżo obranego ze skóry fileta z łososia, halibuta i plamiaka oraz koperkiem 45 ml/3 łyżki posiekanej natki pietruszki.

Zapiekanka z dorsza z boczkiem i pomidorami

Serwuje 6

30 ml/2 łyżki masła lub margaryny
225 g baleronu, grubo pokrojonego
2 cebule, posiekane
1 duża zielona papryka (dzwonek), pozbawiona nasion i pokrojona w paski
2 3 400 g/2 3 14 uncji/2 duże puszki pomidorów
15 ml/1 łyżka łagodnej musztardy kontynentalnej
45 ml/3 łyżki stołowe Cointreau lub Grand Marnier
Sól i świeżo mielony czarny pieprz
700 g filetu z dorsza bez skóry, pokrojonego w plastry
2 ząbki czosnku, zmiażdżone
60 ml/4 łyżki tostowej brązowej bułki tartej
15 ml/1 łyżka oleju z orzeszków ziemnych (arachidowych) lub słonecznikowego

Umieść masło lub margarynę w 2-litrowym naczyniu do zapiekania (piekarnik holenderski). Podgrzewać, bez przykrycia, w całości przez 1,5 minuty. Wymieszaj baleron, cebulę i paprykę. Gotuj bez przykrycia w trybie rozmrażania przez 10 minut, dwukrotnie mieszając. Wyjąć z kuchenki mikrofalowej. Włożyć pomidory, rozdrabniając je widelcem i wymieszać z musztardą, likierem i przyprawami. Przykryj folią spożywczą (plastikową) i złóż ją dwukrotnie, aby para mogła się wydostać. Gotuj całkowicie przez 6 minut. Dodaj rybę i czosnek. Przykryj jak poprzednio i gotuj na średnim poziomie przez 10 minut. Posyp bułką tartą i skrop olejem po wierzchu. Podgrzewać, bez przykrycia, w całości przez 1 minutę.

Polędwica Ryba Garnek

Serwuje 2

Z pikantnym sosem jalapeno i mocno przyprawionym, rozkoszuj się wystawną ucztą rybną z chrupiącym francuskim chlebem i rustykalnym czerwonym winem.

2 cebule, grubo posiekane
2 ząbki czosnku, zmiażdżone
15 ml/1 łyżka oliwy z oliwek
400 g/14 uncji/1 duża puszka pokrojonych w kostkę pomidorów
200 ml/7 fl oz/niewielki 1 kieliszek wina różowego
15 ml/1 łyżka Pernod lub Ricard (pastis)
10 ml/2 łyżeczki sosu jalapeno
2,5 ml/½ łyżeczki ostrego sosu paprykowego
10 ml/2 łyżeczki garam masala
1 liść laurowy
2,5 ml/½ łyżeczki suszonego oregano
2,5–5 ml/½–1 łyżeczka soli
225 g obranej ze skóry żabnicy lub halibuta, pokrojonej w paski
12 dużych gotowanych krewetek (krewetki)
2 duże przegrzebki pokrojone w paski
30 ml/2 łyżki posiekanej kolendry (kolendry), do dekoracji

Umieść cebulę, czosnek i olej w 2-litrowym naczyniu do zapiekania (piekarnik holenderski). Przykryć talerzem i gotować do końca przez 3 minuty. Wymieszaj pozostałe składniki oprócz ryby, owoców morza i kolendry. Przykryj jak poprzednio i gotuj przez 6 minut, trzykrotnie mieszając. Wymieszaj z halibutem lub halibutem. Przykryj jak poprzednio i gotuj w trybie rozmrażania przez 4 minuty, aż ryba stanie się biała. Wmieszaj krewetki i przegrzebki. Przykryj jak poprzednio i gotuj w trybie rozmrażania przez 1,5 minuty. Wymieszaj, przełóż łyżką do głębokich talerzy i posyp kolendrą. Natychmiast podawaj.

KURCZAK w piekarniku

Kurczak podgrzany w kuchence mikrofalowej może być soczysty i atrakcyjnie przyprawiony, jeśli zostanie potraktowany odpowiednim ciastem i pozostawiony bez nadzienia.

1 kurczak gotowy do pieczenia, w razie potrzeby

Na baste:
25 g/1 uncja/2 łyżki masła lub margaryny
5 ml/1 łyżeczka papryki
5 ml/1 łyżeczka sosu Worcestershire
5 ml/1 łyżeczka sosu sojowego
2,5 ml/½ łyżeczki soli czosnkowej lub 5 ml/1 łyżeczka pasty czosnkowej
5 ml/1 łyżeczka przecieru pomidorowego (pasty)

Umieść umytego i wysuszonego kurczaka w naczyniu wystarczająco dużym, aby wygodnie się w nim zmieściło, a także zmieściło się w kuchence mikrofalowej. (Nie musi być głęboki.) Aby zrobić polewę, roztapiaj masło lub margarynę na pełnym ogniu przez 30–60 sekund. Wymieszaj pozostałe składniki i połóż kurczaka. Przykryj folią spożywczą (plastikową) i złóż ją dwukrotnie, aby para mogła się wydostać. Gotuj dokładnie przez 8 minut na 450 g/1 lb, obracając naczynie co 5 minut. W trakcie gotowania wyłącz kuchenkę mikrofalową i pozwól ptakowi siedzieć w środku przez 10 minut, a następnie dokończ gotowanie. Pozostaw na kolejne 5 minut. Przenieś na deskę do krojenia, przykryj folią i odstaw na 5 minut przed krojeniem.

Glazurowany Kurczak

Przygotować jak w przypadku Pieczonego Kurczaka, ale dodać 5 ml/1 łyżeczka melasy, 10 ml/2 łyżeczki brązowego cukru, 5 ml/1 łyżeczka soku z cytryny i 5 ml/1 łyżeczka brązowego sosu. Pozwól na dodatkowe 30 sekund czasu gotowania.

Kurczak Tex-Mex

Przygotować jak do Pieczonego Kurczaka. Po ugotowaniu podziel ptaka na porcje i umieść w czystym naczyniu. Na wierzchu posmaruj kupioną w sklepie salsą, średnio ostrą do smaku. Posypać 225 g/2 filiżanek startego sera Cheddar. Podgrzewaj ponownie, bez przykrycia, w trybie rozmrażania przez około 4 minuty, aż ser się roztopi i pojawią się bąbelki. Podawać z fasolką szparagową z puszki i plastrami awokado skropionymi sokiem z cytryny.

Kurczak koronacyjny

1 pieczony kurczak
45 ml/3 łyżki białego wina
30 ml/2 łyżki przecieru pomidorowego (pasty)
30 ml/2 łyżki chutney z mango
30 ml/2 łyżki przesianego dżemu morelowego (z puszki)
30 ml/2 łyżki wody
Sok z połowy cytryny
10 ml/2 łyżeczki łagodnej pasty curry
10 ml/2 łyżeczki sherry
300 ml gęstego majonezu
60 ml/4 łyżki bitej śmietany
225 g/8 uncji/1 szklanka gotowanego długiego ryżu
Rukiew wodna

Postępuj zgodnie z przepisem na pieczonego kurczaka, w tym baste. Po ugotowaniu wyjąć mięso z kości i pokroić w drobną kostkę. Umieścić w misce do mieszania. Do naczynia wlewamy wino, dodajemy przecier pomidorowy, chutney, dżem, wodę i sok z cytryny. Podgrzewać, bez przykrycia, w całości przez 1 minutę. Zostaw do schłodzenia. Dodaj pastę curry, sherry i majonez i wymieszaj ze śmietaną. Połączyć z kurczakiem. Ułóż ryż na dużym naczyniu do serwowania i łyżką wymieszaj mieszankę z kurczakiem. Udekoruj rzeżuchą.

Kurczak Weronika

1 pieczony kurczak

1 cebula, drobno starta

25 g/1 uncja/2 łyżki masła lub margaryny

150 ml/¼ szt./2/3 szklanki crème fraîche

30 ml/2 łyżki białego porto lub średnio wytrawnej sherry

60 ml/4 łyżki gęstego majonezu

10 ml/2 łyżeczki musztardy

5 ml/1 łyżeczka ketchupu pomidorowego (catsup)

1 mała łodyga selera, posiekana

75 g zielonych winogron bez pestek

Małe kiście zielonych lub czerwonych winogron bez pestek do dekoracji

Postępuj zgodnie z przepisem na pieczonego kurczaka, w tym baste. Po ugotowaniu wyjąć mięso z kości i pokroić w drobną kostkę. Umieścić w misce do mieszania. Umieść cebulę w małej misce z masłem lub margaryną i gotuj bez przykrycia na całości przez 2 minuty. W trzeciej misce wymieszaj crème fraîche, porto lub sherry, majonez, musztardę, ketchup pomidorowy i seler. Złóż kurczaka z ugotowaną cebulą i winogronami. Przełożyć starannie do naczynia do serwowania i udekorować kiściami winogron.

Kurczak W Sosie Octowym Z Estragonem

Na podstawie przepisu znalezionego w znakomitej restauracji w Lyonie we Francji na początku lat 70.

1 pieczony kurczak
25 g/1 uncja/2 łyżki masła lub margaryny
30 ml/2 łyżki mąki kukurydzianej
15 ml/1 łyżka przecieru pomidorowego (pasty)
45 ml / 3 łyżki śmietany podwójnej (gęstej).
45 ml/3 łyżki octu słodowego
Sól i świeżo mielony czarny pieprz

Postępuj zgodnie z przepisem na pieczonego kurczaka, w tym baste. Ugotowanego ptaka pokroić na sześć porcji, przykryć folią i trzymać w cieple na talerzu. Aby przygotować sos, wlej soki z gotowania kurczaka do miarki i uzupełnij do 250 ml/1 szklanka gorącej wody. Masło lub margarynę przełożyć do osobnego naczynia i podgrzewać bez przykrycia na pełnym ogniu przez minutę. Dodać mąkę kukurydzianą, przecier pomidorowy, śmietanę i ocet, doprawić do smaku solą i świeżo zmielonym czarnym pieprzem. Stopniowo wlewaj gorące soki z kurczaka. Gotuj bez przykrycia na pełnym ogniu przez 4-5 minut, aż zgęstnieje i zacznie bulgotać, mieszając co minutę. Polej kurczaka i od razu podawaj.

Duński Pieczony Kurczak Z Nadzieniem Pietruszkowym

Przygotuj jak na pieczonego kurczaka, ale wykonaj kilka nacięć w skórze niegotowanego kurczaka i udekoruj małymi gałązkami pietruszki. Umieść 25 g masła czosnkowego w jamie ciała. Następnie postępuj jak w przepisie.

Kurczak Simla

Anglo-indyjska specjalność, która należy do czasów Raju.

1 pieczony kurczak
15 ml/1 łyżka masła
5 ml/1 łyżeczka drobno posiekanego korzenia imbiru
5 ml/1 łyżeczka przecieru czosnkowego (pasta)
2,5 ml/½ łyżeczki kurkumy
2,5 ml/½ łyżeczki papryki
5 ml/1 łyżeczka soli
300 ml/½ porcji/1¼ szklanki śmietanki do ubijania
Smażone (solone) krążki cebuli, domowej roboty lub kupione, do dekoracji

Postępuj zgodnie z przepisem na pieczonego kurczaka, w tym baste. Po ugotowaniu pokrój ptaka na sześć kawałków i trzymaj w cieple na dużym talerzu lub w naczyniu. Podgrzewaj masło w naczyniu o pojemności 600 ml/1 porcja/2½ filiżanki na pełnym ogniu przez 1 minutę. Dodać puree z imbiru i czosnku. Gotuj bez przykrycia w całości przez 1,5 minuty. Wymieszaj kurkumę, paprykę i sól, a następnie śmietanę. Podgrzewaj bez przykrycia na pełnym ogniu przez 4-5 minut, aż krem zacznie bulgotać, mieszając co najmniej cztery razy. Polej kurczaka i udekoruj krążkami cebuli.

Pikantny kurczak z kokosem i kolendrą

Serwuje 4

Delikatnie przyprawione danie curry z Republiki Południowej Afryki.

8 porcji kurczaka, łącznie 1,25 kg

45 ml/3 łyżki wiórków kokosowych (rozdrobnionych).

1 zielona papryczka chilli o długości około 8 cm, pozbawiona nasion i posiekana

1 ząbek czosnku, rozgnieciony

2 cebule, starte

5 ml/1 łyżeczka kurkumy

5 ml/1 łyżeczka mielonego imbiru

10 ml/2 łyżeczki łagodnego curry w proszku

90 ml/6 łyżek grubo posiekanej kolendry (kolendry)

150 ml/¼ pt/2/3 szklanki mleka kokosowego z puszki

125 g/½ szklanki twarogu z chilli

Sól

175 g gotowanego długiego ryżu

Chutney, do podania

Kurczaka obrać ze skóry. Ułóż wokół krawędzi głębokiego naczynia o średnicy 25 cm, dociskając kawałki ściśle do siebie, aby ściśle przylegały. Przykryj folią spożywczą (plastikową) i złóż ją dwukrotnie, aby para mogła się wydostać. Gotuj przez 10 minut, dwukrotnie obracając naczynie. Włóż kokos do miski ze wszystkimi pozostałymi składnikami oprócz ryżu. Dobrze wymieszać. Odkryć kurczaka i obtoczyć w mieszance kokosowej. Przykryj jak poprzednio i gotuj na pełnym ogniu przez 10 minut, obracając naczynie cztery razy. Podawać w głębokich naczyniach na stosie ryżu z chutney dostarczonym oddzielnie.

Pikantny królik

Serwuje 4

Przygotuj jak pikantny kurczak z kokosem i kolendrą, ale zastąp kurczaka ośmioma porcjami królika.

Pikantny indyk

Serwuje 4

Przygotuj jak w przypadku pikantnego kurczaka z kokosem i kolendrą, ale zastąp kurczaka ośmioma kawałkami polędwicy z piersi indyka o wadze 175 g/6 uncji.

Kurczak Bredie Z Pomidorami

Serwuje 6

Południowoafrykański gulasz z najpopularniejszej wśród ludzi kombinacji składników.

30 ml/2 łyżki oleju słonecznikowego lub kukurydzianego
3 cebule, drobno posiekane
1 ząbek czosnku, drobno posiekany
1 mała zielona papryczka chilli, pozbawiona nasion i posiekana
4 pomidory, obrane, pozbawione gniazd nasiennych i posiekane
750 g piersi z kurczaka z kością, pokrojonej w drobną kostkę
5 ml/1 łyżeczka ciemnego miękkiego brązowego cukru
10 ml/2 łyżeczki przecieru pomidorowego (pasta)
7,5–10 ml/1½ –2 łyżeczki soli

Wlej olej do głębokiego naczynia o średnicy 25 cm/10. Dodaj cebulę, czosnek i chilli i dobrze wymieszaj. Gotuj bez przykrycia przez 5 minut. Dodaj pozostałe składniki do naczynia i zrób małe wgłębienie na środku za pomocą kieliszka do jajka, tak aby mieszanina utworzyła okrąg. Przykryj folią spożywczą (plastikową) i złóż ją dwukrotnie, aby para mogła się wydostać. Gotuj przez 14 minut, obracając naczynie cztery razy. Odstaw na 5 minut przed podaniem.

Gotowany Chiński Czerwony Kurczak

Serwuje 4

Wyrafinowany chiński gulasz, kurczak nabiera mahoniowego koloru, gdy gotuje się w sosie. Jedz z dużą ilością gotowanego ryżu, aby wchłonął słone soki.

6 chińskich suszonych grzybów
8 dużych udek z kurczaka, łącznie 1 kg
1 duża cebula, starta
60 ml/4 łyżki drobno posiekanego konserwowanego imbiru
75 ml/5 łyżek słodkiej sherry
15 ml/1 łyżka czarnej melasy (melasa)
Skórka otarta z 1 mandarynki lub podobnego owocu cytrusowego z luźną skórką
50 ml/2 fl oz/3½ szklanki sosu sojowego

Grzyby moczymy w gorącej wodzie przez 30 minut. Odcedzamy i kroimy w paski. Mięsiste części pododudzia przekroić i ułożyć na krawędzi głębokiego naczynia o średnicy 25 cm/10 tak, aby końce kości były skierowane do środka. Przykryj folią spożywczą (plastikową) i złóż ją dwukrotnie, aby para mogła się wydostać. Gotuj przez 12 minut, obracając naczynie trzy razy. Wymieszaj pozostałe składniki, w tym grzyby, i łyżką połóż kurczaka. Przykryj jak poprzednio i gotuj przez 14 minut. Odstaw na 5 minut przed podaniem.

Arystokratyczne skrzydełka z kurczaka

Serwuje 4

Wielowiekowa chińska receptura, ulubiona przez elity i spożywana z makaronem jajecznym.

8 chińskich suszonych grzybów
6 cebul dymek (szalotek), grubo posiekanych
15 ml/1 łyżka oleju z orzeszków ziemnych.
900 g skrzydełek z kurczaka
225 g posiekanych pędów bambusa z puszki
30 ml/2 łyżki mąki kukurydzianej
45 ml/3 łyżki chińskiego wina ryżowego lub średnio wytrawnego sherry
60 ml/4 łyżki sosu sojowego
10 ml/2 łyżeczki drobno posiekanego świeżego korzenia imbiru

Grzyby moczymy w gorącej wodzie przez 30 minut. Odcedzamy i kroimy na ćwiartki. Umieść cebulę i olej w głębokim naczyniu o średnicy 25 cm/10. Gotuj bez przykrycia w całości przez 3 minuty.

Zamieszaj. Ułóż skrzydełka z kurczaka w naczyniu, pozostawiając niewielką szczelinę pośrodku. Przykryj folią spożywczą (plastikową) i złóż ją dwukrotnie, aby para mogła się wydostać. Gotuj przez 12 minut, obracając naczynie trzy razy. Odkryć. Przykryć pędami bambusa i płynem z puszki i posypać grzybami. Mąkę kukurydzianą dokładnie wymieszaj z winem ryżowym lub sherry. Dodaj pozostałe składniki. Połóż łyżkę na kurczaku i warzywach. Przykryj jak poprzednio i gotuj na pełnym ogniu przez 10-12 minut, aż płyn zacznie bulgotać. Odstaw na 5 minut przed podaniem.

Kurczak Chow Mein

Serwuje 4

½ ogórka, obranego i pokrojonego w kostkę
275 g/10 uncji/2½ filiżanki zimnego gotowanego kurczaka, pokrojonego w drobną kostkę
450 g świeżych mieszanych warzyw do smażenia
30 ml/2 łyżki sosu sojowego
30 ml/2 łyżki średnio wytrawnego sherry
5 ml/1 łyżeczka oleju sezamowego
2,5 ml / ½ łyżeczki soli
Gotowany chiński makaron, do podania

Umieść ogórki i kurczaka w naczyniu o pojemności 1,75 litra/3 porcje/7½ szklanki. Wymieszaj wszystkie pozostałe składniki.

Przykryj dużym talerzem i gotuj przez 10 minut. Odstaw na 3 minuty przed podaniem z chińskim makaronem.

Kotlet Z Kurczaka Suey

Serwuje 4

Przygotuj jak kurczak Chow Mein, ale zastąp go gotowanym makaronem z ryżu długoziarnistego.

Ekspresowy Marynowany Kurczak Chiński

Serwuje 3

Autentyczna degustacja, ale tak szybko, jak to możliwe. Jedz z ryżem lub makaronem i chińskimi piklami.

6 grubych udek z kurczaka, łącznie około 750 g
125 g / 4 uncje / 1 szklanka ziaren kukurydzy cukrowej, na wpół rozmrożone, jeśli są zamrożone
1 por, posiekany
60 ml/4 łyżki kupić chińską marynatę

Umieść kurczaka w głębokiej misce i dodaj pozostałe składniki. Dobrze wymieszaj. Przykryć i schłodzić przez 4 godziny. Wymieszaj to. Przełożyć do głębokiego naczynia o średnicy 23 cm/9 i ułożyć kurczaka na brzegach. Przykryj folią spożywczą (plastikową) i złóż ją dwukrotnie, aby para mogła się wydostać. Gotuj przez 16 minut, obracając naczynie cztery razy. Odstaw na 5 minut przed podaniem.

Kurczak po hongkońsku z mieszanką warzyw i kiełkami fasoli

Służy 2–3

4 chińskie suszone grzyby
1 duża cebula, posiekana
1 marchewka, starta
15 ml/1 łyżka oleju z orzeszków ziemnych.
2 ząbki czosnku, zmiażdżone
225 g / 8 uncji / 2 szklanki ugotowanego kurczaka, pokrojonego w paski
275 g kiełków fasoli
15 ml/1 łyżka sosu sojowego
1,5 ml/¼ łyżeczki oleju sezamowego
Dobra szczypta pieprzu cayenne
2,5 ml / ½ łyżeczki soli
Do podania gotowany ryż lub chiński makaron

Grzyby moczymy w gorącej wodzie przez 30 minut. Odcedzamy i kroimy w paski. Umieść cebulę, marchewkę i olej w naczyniu o pojemności 1,75 litra/3 porcje/7½ szklanki. Gotuj bez przykrycia w całości przez 3 minuty. Wmieszaj pozostałe składniki. Przykryj folią spożywczą (plastikową) i złóż ją dwukrotnie, aby para mogła się wydostać. Gotuj przez 5 minut, obracając naczynie trzy razy. Odstaw na 5 minut przed podaniem z ryżem lub makaronem.

Kurczak Z Sosem Złotego Smoka

Serwuje 4

4 duże mięsiste kawałki kurczaka, po 225 g/8 uncji, bez skóry
Zwykła mąka (uniwersalna).
1 mała cebula, posiekana
2 ząbki czosnku, zmiażdżone
30 ml/2 łyżki sosu sojowego
30 ml/2 łyżki średnio wytrawnego sherry
30 ml/2 łyżki oleju z orzeszków ziemnych.
60 ml/4 łyżki soku z cytryny
60 ml / 4 łyżki jasnego miękkiego brązowego cukru
45 ml/3 łyżki dżemu morelowego stopionego i przesianego (z puszki)
5 ml/1 łyżeczka mielonej kolendry (kolendry)
3-4 krople ostrego sosu paprykowego
Sałatka z kiełków fasoli i makaron chiński do podania

Grube części filetów z kurczaka podzielić ostrym nożem w kilku miejscach, oprószyć mąką, następnie ułożyć w głębokim naczyniu o średnicy 25 cm. Pozostałe składniki dobrze wymieszać. Polej kurczaka. Przykryj naczynie luźno papierem kuchennym i pozostaw do zamarynowania w lodówce na 4-5 godzin, dwukrotnie przekręcając mięso. Ułóż przekrojone boki na wierzchu, a następnie przykryj naczynie folią spożywczą (plastikową) i złóż je dwukrotnie, aby para mogła się wydostać. Gotuj przez 22 minuty, obracając naczynie cztery razy. Podawaj na łożu z makaronem i skrop sokami z naczynia.

Imbirowe Skrzydełka Z Kurczaka Z Sałatą

Służy 4–5

1 sałata cos (rzymska), posiekana
2,5 cm kawałek korzenia imbiru, cienko pokrojony
2 ząbki czosnku, zmiażdżone
15 ml/1 łyżka oleju z orzeszków ziemnych.
300 ml/½ pt/1¼ szklanki wrzącego bulionu drobiowego
30 ml/2 łyżki mąki kukurydzianej
2,5 ml / ½ łyżeczki proszku pięciu przypraw
60 ml/4 łyżki zimnej wody
5 ml/1 łyżeczka sosu sojowego
5 ml/1 łyżeczka soli
1 kg skrzydełek z kurczaka
Do podania gotowany ryż lub chiński makaron

Umieść sałatę, imbir, czosnek i oliwę w dość dużym naczyniu żaroodpornym (piekarnik holenderski). Przykryć talerzem i gotować do końca przez 5 minut. Odkryć i dodać wrzący bulion. Wymieszaj mąkę kukurydzianą i pięć przypraw w proszku z zimną wodą. Wymieszaj z sosem sojowym i solą. Wymieszaj mieszankę sałat ze skrzydełkami z kurczaka, delikatnie mieszając, aż dobrze się połączą. Przykryj folią spożywczą (plastikową) i złóż ją dwukrotnie, aby para mogła się wydostać. Gotuj przez 20 minut, obracając naczynie cztery razy. Odstaw na 5 minut przed podaniem z ryżem lub makaronem.

Kurczak Kokosowy z Bangkoku

Serwuje 4

Oryginalny artykuł, wykonany w mojej kuchni przez młodego tajskiego przyjaciela.

4 częściowe piersi z kurczaka z kością, każda po 175 g

200 ml/7 fl oz/niewielka 1 szklanka śmietanki kokosowej

Sok z 1 limonki

30 ml / 2 łyżki zimnej wody

2 ząbki czosnku, zmiażdżone

5 ml/1 łyżeczka soli

Łodyga trawy cytrynowej przekrojona wzdłuż na pół lub 6 liści melisy

2–6 zielonych papryczek chilli lub 1,5–2,5 ml/¼–½ łyżeczki suszonego czerwonego chili w proszku

4-5 świeżych liści limonki

20 ml/4 łyżeczki posiekanej kolendry

175 g gotowanego długiego ryżu

Ułóż kurczaka wokół krawędzi głębokiego naczynia o średnicy 20 cm, pozostawiając otwór pośrodku. Przykryj folią spożywczą (plastikową) i złóż ją dwukrotnie, aby para mogła się wydostać. Gotuj przez 6 minut, dwukrotnie obracając naczynie. Połącz śmietankę kokosową, sok z limonki i wodę, następnie wymieszaj z czosnkiem i solą i polej kurczaka. Posypać trawą cytrynową lub liśćmi melisy, chilli do smaku i liśćmi limonki. Przykryj jak poprzednio i gotuj na pełnym ogniu przez 8 minut, obracając naczynie trzy razy. Pozostaw na 5 minut. Odkryć i wymieszać z kolendrą, a następnie podawać z ryżem.

Satay z kurczaka

Podaje 8 jako przystawkę, 4 jako danie główne

Na marynatę:

30 ml/2 łyżki oleju z orzeszków ziemnych.

30 ml/2 łyżki sosu sojowego

1 ząbek czosnku, rozgnieciony

900 g piersi z kurczaka z kością, pokrojona w plastry

Na sos satay:

10 ml/2 łyżeczki oleju arachidowego

1 cebula, posiekana

2 zielone papryczki chilli, każda o długości około 8 cm, pozbawione nasion i drobno posiekane

2 ząbki czosnku, zmiażdżone

150 ml/¼ pt./2/3 szklanki wrzątku

60 ml/4 łyżki chrupiącego masła orzechowego

10 ml/2 łyżeczki octu winnego

2,5 ml / ½ łyżeczki soli

175 g gotowanego długiego ryżu (opcjonalnie)

Aby przygotować marynatę, połącz olej, sos sojowy i czosnek w misce i dodaj kurczaka, dobrze mieszając, aby dobrze się pokrył. Przykryć i schłodzić przez 4 godziny w zimie, 8 w lecie.

Aby zrobić sos, wlej olej do średniej wielkości naczynia lub miski i dodaj cebulę, pieprz i czosnek. Przed zakończeniem sosu wrzuć kostki kurczaka na osiem naoliwionych szaszłyków. Ułóż po cztery na dużym talerzu jak szprychy koła. Gotuj bez przykrycia na pełnym ogniu przez 5 minut, raz obracając. Powtórz z pozostałymi czterema szaszłykami. Trzymaj się ciepło. Aby zakończyć sos, przykryj miskę folią spożywczą (plastikową) i przetnij ją dwukrotnie, aby para mogła się wydostać. Gotuj całkowicie przez 2 minuty. Wlać wrzącą wodę, masło orzechowe, ocet i sól. Gotuj bez przykrycia przez 3 minuty, raz mieszając. Pozostaw na 30 sekund i podawaj z ryżem, jeśli jest to danie główne.

Kurczak orzechowy

Serwuje 4

4 piersi z kurczaka z kością, każda po 175 g

125 g/1/2 szklanki gładkiego masła orzechowego

2,5 ml/½ łyżeczki mielonego imbiru

2,5 ml/½ łyżeczki soli czosnkowej

10 ml/2 łyżeczki łagodnego curry w proszku

Chiński sos hoisin

Gotowany chiński makaron, do podania

Ułóż kurczaka wokół krawędzi głębokiego naczynia o średnicy 23 cm, pozostawiając otwór pośrodku. Umieść masło orzechowe, imbir, sól czosnkową i curry w małym naczyniu i podgrzewaj bez przykrycia na pełnej mocy przez 1 minutę. Rozłóż równomiernie na kurczaku, a następnie delikatnie posmaruj sosem hoisin. Przykryj folią spożywczą (plastikową) i złóż ją dwukrotnie, aby para mogła się wydostać. Gotuj przez 16 minut, obracając naczynie cztery razy. Odstaw na 5 minut przed podaniem z chińskim makaronem.

Indyjski Kurczak Z Jogurtem

Serwuje 4

Bezproblemowe curry, szybkie do złożenia. Ma niską zawartość tłuszczu, więc jest polecany osobom szczupłym, może być z dodatkiem kalafiora i kromką lub dwiema kromkami chleba z ziarnami.

750 g udek z kurczaka ze skórą

150 ml/¼ pt/2/3 szklanki jogurtu naturalnego

15 ml/1 łyżka mleka

5 ml/1 łyżeczka garam masala

1,5 ml/¼ łyżeczki kurkumy

5 ml/1 łyżeczka mielonego imbiru

5 ml/1 łyżeczka mielonej kolendry (kolendry)

5 ml/1 łyżeczka mielonego kminku

15 ml/1 łyżka oleju kukurydzianego lub słonecznikowego

45 ml/3 łyżki ciepłej wody

60 ml / 4 łyżki stołowe grubo posiekanej kolendry do dekoracji

Umieścić kurczaka w głębokim naczyniu o średnicy 30 cm/12. Wymieszaj wszystkie pozostałe składniki i połóż kurczaka. Przykryj i marynuj w lodówce przez 6-8 godzin. Przykryć talerzem i podgrzewać na pełnym ogniu przez 5 minut. Zamieszaj kurczaka. Przykryj naczynie folią spożywczą (plastikową) i przetnij ją dwukrotnie, aby para mogła się wydostać. Gotuj przez 15 minut, obracając naczynie cztery razy. Pozostaw na 5 minut. Przed podaniem odkryj i posyp posiekaną kolendrą.

Japoński kurczak z jajkami

Serwuje 4

100 ml/3½ uncji/6½ łyżki stołowej gorącego bulionu z kurczaka lub wołowiny

60 ml/4 łyżki średnio wytrawnej sherry

30 ml/2 łyżki sosu teriyaki

15 ml/1 łyżka jasnego miękkiego brązowego cukru

250 g gotowanego kurczaka, pokrojonego w paski

4 duże jajka, ubite

175 g gotowanego długiego ryżu

Wlej bulion, sherry i sos teriyaki do płytkiego naczynia o średnicy 18 cm/7. Wmieszaj cukier. Przykryj folią spożywczą (plastikową) i złóż ją dwukrotnie, aby para mogła się wydostać. Gotuj w całości przez 5 minut. Odkryj i zamieszaj. Wymieszaj kurczaka i wlej jajka na wierzch. Gotuj bez przykrycia na pełnej mocy przez 6 minut, obracając naczynie trzy razy. Aby podać, włóż ryż do czterech podgrzanych misek i udekoruj mieszanką kurczaka i jajek.

Portugalska Zapiekanka Z Kurczaka

Serwuje 4

25 g/1 uncja/2 łyżki masła lub margaryny lub 25 ml/1½ łyżki oliwy z oliwek
2 cebule, pokrojone w ćwiartki
2 ząbki czosnku, zmiażdżone
4 sztuki kurczaka, łącznie 900 g
125 g/1 szklanka ugotowanego baleronu, pokrojonego w drobną kostkę
3 pomidory, obrane, pozbawione gniazd nasiennych i posiekane

150 ml/¼ pt/2/3 szklanki wytrawnego białego wina

10 ml/2 łyżeczki musztardy francuskiej

7,5–10 ml/1½–2 łyżeczki soli

Umieść masło, margarynę lub olej w naczyniu żaroodpornym o średnicy 20 cm (piekarnik holenderski). Podgrzewać, bez przykrycia, w całości przez 1 minutę. Wmieszaj cebulę i czosnek. Gotuj bez przykrycia w całości przez 3 minuty. Dodaj kurczaka. Przykryj folią spożywczą (plastikową) i złóż ją dwukrotnie, aby para mogła się wydostać. Gotuj przez 14 minut, dwukrotnie obracając naczynie. Pozostałe składniki wymieszać. Przykryj jak poprzednio i gotuj przez 6 minut. Odstaw na 5 minut przed podaniem.

Pikantna zapiekanka z kurczaka w stylu angielskim

Serwuje 4

Przygotuj jak zapiekankę z kurczaka po portugalsku, ale zastąp wino średnio wytrawnym cydrem i dodaj 5 marynowanych orzechów włoskich do pozostałych składników. Pozwól na dodatkową minutę czasu gotowania.

Kompromitowany kurczak Tandoori

Podaje 8 jako przystawkę, 4 jako danie główne

Indyjskie danie tradycyjnie przyrządzane w glinianym piecu lub tandoor, ale ta wersja do mikrofali jest całkowicie akceptowalna.

8 kawałków kurczaka, łącznie ok. 1,25 kg
250 ml/8 fl oz/1 szklanka gęstego jogurtu naturalnego typu greckiego
30 ml / 2 łyżki mieszanki przypraw tandoori
10 ml/2 łyżeczki mielonej kolendry (kolendry)
5 ml/1 łyżeczka papryki
5 ml/1 łyżeczka kurkumy
30 ml/2 łyżki soku z cytryny
2 ząbki czosnku, zmiażdżone
7,5 ml/1½ łyżeczki soli
Indyjski chleb i mix sałat do podania

Mięsne części kurczaka podzielić na kilka miejsc. Jogurt lekko wymieszać z pozostałymi składnikami. Ułóż kurczaka w głębokim naczyniu o średnicy 25 cm/10 i posmaruj mieszanką tandoori. Przykryj luźno papierem kuchennym i marynuj przez 6 godzin w lodówce. Odwrócić, polać marynatą i schłodzić jeszcze 3-4 godziny pod przykryciem jak poprzednio. Przykryj folią spożywczą (plastikową) i złóż ją dwukrotnie, aby para mogła się wydostać. Gotuj przez 20 minut, obracając naczynie cztery razy. Odkryj naczynie i obróć kurczaka. Ponownie przykryj folią spożywczą i gotuj na pełnym ogniu przez kolejne 7 minut. Odstaw na 5 minut przed podaniem.

Sernik z masłem owocowo-orzechowym

Służy 8–10

Sernik w stylu kontynentalnym, taki jaki można znaleźć w wysokiej jakości cukierni.

45 ml/3 łyżki posiekanych migdałów.

75 g/3 uncji/2/3 szklanki masła

175 g/6 uncji/1½ szklanki ciasteczek owsianych lub okruchów krakersów graham

450 g/1 lb/2 szklanki twarogu (gładkiego), w temperaturze pokojowej

125 g/4 uncji/½ szklanki cukru pudru (bardzo drobnego).

15 ml/1 łyżka mąki kukurydzianej

3 jajka, w temperaturze kuchennej, ubite

Sok z połowy świeżej limonki lub cytryny

30 ml/2 łyżki rodzynek

Migdały ułożyć na talerzu i podpiekać bez przykrycia w całości przez 2-3 minuty. Roztapiaj masło bez przykrycia w trybie rozmrażania przez 2–2,5 minuty. Naczynie o średnicy 20 cm/8 cm wysmarować masłem i przykryć dno i boki okruchami biszkoptu. Ubij ser ze wszystkimi pozostałymi składnikami i wymieszaj z migdałami i roztopionym masłem. Rozłóż równomiernie na okruchach biszkoptu i przykryj luźno papierem kuchennym. Gotuj w trybie rozmrażania przez 24 minuty, obracając naczynie cztery razy. Wyjąć z kuchenki mikrofalowej i ostudzić. Schłodzić przez co najmniej 6 godzin przed krojeniem.

Konserwowe Ciasto Imbirowe

Służy 8

225 g/8 uncji/2 szklanki samorosnącej (rosnącej) mąki.
10 ml/2 łyżeczki mieszanki przypraw (szarlotka).
125 g masła lub margaryny o temperaturze kuchennej
125 g/4 uncji/½ szklanki miękkiego jasnobrązowego cukru
100 g/1 szklanka posiekanego konserwowanego imbiru w syropie
2 jajka, ubite
75 ml/5 łyżek zimnego mleka
Cukier puder (cukierniczy) do posypania

Ciasno wyłóż suflet o średnicy 20 cm lub podobne naczynie o prostych bokach folią spożywczą (plastikową), tak aby lekko zwisał poza krawędź. Mąkę i przyprawy przesiać do miski. Rozcieramy drobno z masłem lub margaryną. Rozłóż cukier i imbir, upewnij się, że są równomiernie rozłożone. Zmiksować na gładką masę z jajkami i mlekiem. Gdy masa będzie gładka, przełóż łyżką do przygotowanego naczynia i delikatnie przykryj papierem kuchennym. Piec przez 6,5–7,5 minuty, aż ciasto dobrze wyrośnie i zacznie się kurczyć na bokach. Pozostaw na 15 minut. Przenieś na metalową kratkę trzymającą folię spożywczą. Zdejmij folię, gdy ostygnie i przechowuj ciasto w szczelnym pojemniku. Przed podaniem posypać cukrem pudrem.

Ciasto imbirowe z konfiturą z pomarańczy

Służy 8

Przygotuj jak konserwowane ciasto imbirowe, ale dodaj grubo startą skórkę z 1 małej pomarańczy do jajek i mleka.

Ciasto Miodowe Z Orzechami Włoskimi

Służy 8–10

Gwiazda tortu, pełna słodyczy i światła. Jest pochodzenia greckiego, gdzie znana jest jako karithopitta. Podawaj z kawą na zakończenie posiłku.

dla bazy:

100 g masła o temperaturze kuchennej
175 g/6 uncji/¾ szklanki miękkiego jasnobrązowego cukru
4 jajka w temperaturze kuchennej
5 ml/1 łyżeczka esencji waniliowej (ekstraktu)
10 ml/2 łyżeczki sody oczyszczonej (sody oczyszczonej)
10 ml / 2 łyżeczki proszku do pieczenia
5 ml/1 łyżeczka mielonego cynamonu
75 g/3 uncji/¾ szklanki mąki pszennej (uniwersalnej).
75 g/3 uncje/¾ szklanki mąki kukurydzianej
100 g/1 szklanka posiekanych migdałów.

Na syrop:

200 ml/7 uncji/niecałą 1 szklankę ciepłej wody
60 ml/4 łyżki ciemnego miękkiego brązowego cukru
5 cm/2 szt. brązowego sztyftu
5 ml/1 łyżeczka soku z cytryny
150 g/5 uncji/2/3 szklanki jasnego ciemnego miodu

Do dekoracji:

60 ml/4 łyżki siekanych mieszanych orzechów
30 ml/2 łyżki jasnego ciemnego miodu

Aby zrobić podstawę, dokładnie wyłóż podstawę i boki formy na suflet o średnicy 18 cm/7 cali folią spożywczą (plastikową), tak aby lekko opierała się o krawędź. Umieść wszystkie składniki oprócz migdałów w misce robota kuchennego i przetwarzaj, aż do uzyskania gładkiej i równomiernej konsystencji. Migdały krótko dociśnij, aby nie pękały zbyt mocno. Rozłóż mieszankę w przygotowanym naczyniu i przykryj lekko papierem kuchennym. Gotuj przez 8 minut, dwukrotnie obracając naczynie, aż ciasto znacznie wyrośnie, a na wierzchu pojawią się pęcherzyki powietrza. Odstaw na 5 minut, następnie przełóż do płytkiego naczynia i zdejmij folię spożywczą.

Aby przygotować syrop, umieść wszystkie składniki w dzbanku i gotuj bez przykrycia na pełnym ogniu przez 5-6 minut lub do momentu, aż mieszanina zacznie bulgotać. Uważaj, jeśli zacznie się gotować. Odstaw na 2 minuty, a następnie delikatnie wymieszaj drewnianą łyżką, aby składniki gładko się połączyły. Delikatnie wylewaj ciasto na ciasto, aż wchłonie cały płyn. Połącz orzechy i miód w małym naczyniu. Podgrzewać, bez przykrycia, w całości przez 1,5 minuty. Rozsmarować lub wyłożyć łyżką na wierzch ciasta.

Ciasto Miodowo Imbirowe

Służy 10–12

45 ml/3 łyżki marmolady pomarańczowej
225 g/8 uncji/1 szklanka jasnego ciemnego miodu
2 jajka
125 ml/1/2 szklanki oleju kukurydzianego lub słonecznikowego
150 ml/¼ pt./2/3 szklanki gorącej wody
250 g / 9 uncji / obfite 2 szklanki mąki samorosnącej (samorosnącej)
5 ml/1 łyżeczka sody oczyszczonej (sody oczyszczonej)
3 łyżeczki mielonego imbiru
10 ml/2 łyżeczki mielonego ziela angielskiego
5 ml/1 łyżeczka mielonego cynamonu

Głębokie naczynie na suflet o pojemności 1,75 litra/3 sztuki/7½ kubka wyłóż folią spożywczą (plastikową), tak aby lekko wystawała poza krawędź. Umieść marmoladę, miód, jajka, olej i wodę w robocie kuchennym i zmiksuj na gładką masę, a następnie wyłącz. Przesiej wszystkie pozostałe składniki i przełóż je łyżką do miski procesora. Uruchom maszynę, aż mieszanina dobrze się połączy. Przełożyć łyżką do przygotowanego naczynia i przykryć lekko papierem kuchennym. Piec przez 10–10½ minuty, aż ciasto dobrze wyrośnie, a wierzch pokryje się małymi otworami wentylacyjnymi. Pozostaw do prawie całkowitego ostygnięcia w naczyniu, a następnie przenieś na metalową podstawkę z folią spożywczą. Ostrożnie zdejmij folię spożywczą i pozostaw do całkowitego ostygnięcia. Przechowywać w szczelnym pojemniku przez jeden dzień przed krojeniem.

Ciasto z syropem imbirowym

Służy 10–12

Przygotuj jak ciasto miodowo-imbirowe, ale miód zastąp złotym syropem (jasna kukurydza).

tradycyjny imbir

Służy 8–10

Zimowa opowieść w najlepszym wydaniu, niezbędna na Halloween i wieczór Guya Fawkesa.

175 g/6 uncji/1½ szklanki zwykłej (uniwersalnej) mąki.

15 ml/1 łyżka mielonego imbiru

5 ml/1 łyżeczka mielonego ziela angielskiego

10 ml/2 łyżeczki sody oczyszczonej (sody oczyszczonej)

125 g/1/3 szklanki złotego syropu (jasna kukurydza).

25 ml/1½ łyżki czarnej melasy (melasa)

30 ml/2 łyżki ciemnego miękkiego brązowego cukru

45 ml / 3 łyżki smalcu lub białego tłuszczu jadalnego (tłuszcz piekarski)

1 duże jajko, ubite

60 ml/4 łyżki zimnego mleka

Dokładnie wyłóż dno i boki formy na suflet o średnicy 15 cm/6 cali folią spożywczą (plastikową), tak aby zwisała bardzo lekko poza krawędź. Przesiej mąkę, imbir, przyprawy i sodę oczyszczoną do miski. Umieść syrop, lód, cukier i tłuszcz w innej misce i podgrzewaj bez przykrycia przez 2½–3 minuty, aż tłuszcz się roztopi. Dobrze wymieszaj, aby wymieszać. Mieszamy widelcem suche składniki z jajkiem i mlekiem. Gdy dobrze się połączą, przełóż do przygotowanego naczynia i przykryj lekko papierem kuchennym. Gotuj w całości przez 3–4 minuty, aż piernik dobrze wyrośnie i będzie lekko błyszczał na wierzchu. Pozostaw na 10 minut. Przenieś na metalową kratkę trzymającą folię spożywczą. Zdejmij folię spożywczą i przechowuj pierniki w szczelnym pojemniku przez 1-2 dni przed pokrojeniem.

Pomarańczowy Piernik

Służy 8–10

Przygotuj jak tradycyjny imbir, ale dodaj drobno startą skórkę z 1 małej pomarańczy do jajka i mleka.

Kawowy Tort Morelowy

Służy 8

4 herbatniki trawienne (krakersy graham), drobno pokruszone
225 g/8 uncji/1 szklanka masła lub margaryny o temperaturze kuchennej
225 g/8 uncji/1 szklanka miękkiego ciemnobrązowego cukru
4 jajka w temperaturze kuchennej
225 g/8 uncji/2 szklanki samorosnącej (rosnącej) mąki.
75 ml/5 łyżek esencja kawowo-cykoriowa (ekstrakt)
425 g/14 uncji/1 duża puszka połówek moreli, odsączonych
300 ml/½ szklanki/1 ¼ szklanki podwójnej (gęstej) śmietany.
90 ml/6 łyżek posiekanych migdałów, uprażonych

Posmaruj dwie płytkie formy o średnicy 20 cm/8 cali roztopionym masłem, a następnie wyłóż dno i boki bułką tartą. Masło lub margarynę utrzeć z cukrem na jasną i puszystą masę. Jajka ubić jedno po drugim, dodając do każdego po 15 ml/1 łyżkę mąki. Dodać pozostałą mąkę na przemian z 45 ml/3 łyżki esencji kawowej. Rozłóż równomiernie w przygotowanych naczyniach i przykryj luźno papierem kuchennym. Gotuj pojedynczo, na pełnych obrotach przez 5 minut. Pozostaw do ostygnięcia na talerzach przez 5 minut, a następnie przełóż na metalową podstawkę. Pokrój trzy morele, a resztę odłóż na bok. Mieszaj śmietankę z pozostałą esencją kawową, aż zgęstnieje. Nabrać około jednej czwartej śmietany i wymieszać z pokrojonymi morelami. Użyj do kanapkowania ciast razem. Wierzch i boki posmarować pozostałym kremem.

Rumowy tort ananasowy

Służy 8

Przygotuj jak Kawowy Tort Morelowy, ale pomiń morele. Doprawić śmietankę 30 ml/2 łyżki ciemnego rumu zamiast esencji kawowej (ekstraktu). Wymieszaj 2 pokrojone w kostkę krążki ananasa z puszki w trzech czwartych kremu i użyj do ułożenia ciast razem. Wierzch i boki posmarować pozostałym kremem i udekorować przekrojonymi na pół krążkami ananasa. Nadzienie z zielonym i żółtym lukrem wiśniowym (konfitura), jeśli jest to pożądane.

Bogate świąteczne ciasto

Tworzy 1 duże ciasto rodzinne

Luksusowe ciasto, przepełnione świątecznym przepychem i dobrze wzmocnione alkoholem. Utrzymuj go gładkim lub pokryj marcepanem (pasta migdałowa) i białym lukrem (lukier).

200 ml/7 uncji/niecały 1 kubek słodkiej sherry
75 ml/5 łyżek brandy
5 ml/1 łyżeczka mieszanki przypraw (szarlotka).
5 ml/1 łyżeczka esencji waniliowej (ekstraktu)
10 ml/2 łyżeczki ciemnego miękkiego brązowego cukru
350 g/12 oz/2 szklanki mieszanych suszonych owoców (mix ciasta owocowego)
15 ml/1 łyżka posiekanej mieszanej skórki
15 ml/1 łyżka czerwonego lukru wiśniowego (konfitura).
50 g/1/3 szklanki suszonych moreli
50 g/1/3 szklanki posiekanych daktyli
Drobno starta skórka z 1 małej pomarańczy

50 g/2 uncje/½ szklanki posiekanych orzechów włoskich
125 g/1/2 szklanki niesolonego (słodkiego) masła, stopionego
175 g/6 uncji/¾ szklanki ciemnego miękkiego brązowego cukru
125 g/4 uncji/1 szklanka samorosnącej (rosnącej) mąki.
3 małe jajka

Umieść sherry i brandy w dużej misce do mieszania. Przykryj talerzem i gotuj na pełnym ogniu przez 3-4 minuty, aż mieszanina zacznie bulgotać. Dodać przyprawy, wanilię, 10 ml/2 łyżeczki brązowego cukru, suszone owoce, startą skórkę, wiśnie, morele, daktyle, skórkę pomarańczową i orzechy Dokładnie wymieszać. Przykryć talerzem i podgrzewać w trybie rozmrażania przez 15 minut, mieszając cztery razy. Zostaw na noc, aby smaki dojrzały. Formę do sufletu o średnicy 20 cm/8 dokładnie wyłóż folią spożywczą (plastikową), tak aby lekko wystawała poza krawędź. Wymieszaj masło, brązowy cukier, mąkę i jajka w mieszance ciasta. Przełóż łyżką do przygotowanego naczynia i przykryj luźno papierem kuchennym. Gotuj w trybie rozmrażania przez 30 minut, obracając cztery razy. Pozwól mu siedzieć w kuchence mikrofalowej przez 10 minut. Chłodny do letniego, następnie ostrożnie przenieś na metalową podstawkę z folią spożywczą. Zdejmij folię spożywczą, gdy ciasto ostygnie. Aby przechowywać, zawiń podwójną grubość papieru do pieczenia (wosku), a następnie zawiń ponownie w folię. Przechowywać w chłodnym miejscu przez około dwa tygodnie przed przykryciem i oblodzeniem.

Szybkie ciasto Simnel

Tworzy 1 duże ciasto rodzinne

Postępuj zgodnie z przepisem na Rich Christmas Cake i przechowuj przez dwa tygodnie. Dzień przed podaniem przekrój ciasto na pół, aby powstały dwie warstwy. Posmarować obie strony przecięcia roztopionym dżemem morelowym (konserwowanie) i ułożyć razem z 225-300 g/8-11 uncji marcepanu (pasty migdałowej) rozsmarować na gęsty okrągły placek. Udekoruj górę miniaturowymi pisankami i pisklętami kupionymi w sklepie.

Ciasto z nasionami

Służy 8

Pamiątka z dawnych czasów, znana w Walii jako shearing cake.

225 g/8 uncji/2 szklanki samorosnącej (rosnącej) mąki.

125 g masła lub margaryny

175 g/6 uncji/¾ szklanki miękkiego jasnobrązowego cukru

Drobno starta skórka z 1 cytryny

10–20 ml/2–4 łyżeczki kminku

10 ml/2 łyżeczki startej gałki muszkatołowej

2 jajka, ubite

150 ml/¼ pt./2/3 szklanki zimnego mleka

75 ml/5 łyżek cukru pudru (cukierniczego), przesianego

10–15 ml/2–3 łyżeczki soku z cytryny

Ściśle wyłóż dno i boki formy na suflet o średnicy 20 cm folią spożywczą (plastikową), tak aby zwisała bardzo lekko poza krawędź. Mąkę przesiać do miski i rozetrzeć z masłem lub margaryną. Dodaj brązowy cukier, skórkę z cytryny, kminek i gałkę muszkatołową i wymieszaj widelcem jajka z mlekiem na gładkie i dość miękkie ciasto. Przełożyć do przygotowanego naczynia i przykryć luźno papierem kuchennym. Gotuj przez 7-8 minut, obracając naczynie dwukrotnie, aż ciasto wyrośnie na powierzchnię naczynia, a powierzchnia zostanie ozdobiona małymi dziurkami. Odstaw na 6 minut, a następnie odwróć na metalową podstawkę. Gdy całkowicie wystygnie, zdejmij folię spożywczą, a następnie przewróć ciasto na prawą stronę do góry. Połącz cukier puder i sok z cytryny, aby uzyskać gęstą pastę.

Proste Ciasto Owocowe

Służy 8

225 g/8 uncji/2 szklanki samorosnącej (rosnącej) mąki.
10 ml/2 łyżeczki mieszanki przypraw (szarlotka).
125 g masła lub margaryny
125 g/4 uncji/½ szklanki miękkiego jasnobrązowego cukru
175 g/6 uncji/1 szklanka mieszanych suszonych owoców (mix ciasta owocowego)
2 jajka
75 ml/5 łyżek zimnego mleka
75 ml/5 łyżek cukru pudru (cukierniczego).

Dokładnie wyłóż naczynie na suflet o średnicy 18 cm/7 cali folią spożywczą (plastikową), tak aby lekko wystawała poza krawędź. Mąkę i przyprawy przesiać do miski i rozetrzeć z masłem lub margaryną. Dodaj cukier i suszone owoce. Ubij jajka i mleko i wlej do suchych składników, mieszając widelcem do uzyskania miękkiej, gładkiej konsystencji. Przełóż łyżką do przygotowanego naczynia i przykryj luźno papierem kuchennym. Gotuj przez 6½–7 minut, aż ciasto dobrze wyrośnie i zacznie odchodzić od ścianek naczynia. Wyjmij z kuchenki mikrofalowej i pozostaw na 10 minut. Przenieś na metalową kratkę trzymającą folię spożywczą. Po całkowitym ostygnięciu zdejmij folię spożywczą i posyp powierzchnię przesianym cukrem pudrem.

Ciasto daktylowo-orzechowe

Służy 8

Przygotuj jak proste ciasto owocowe, ale zastąp suszone owoce mieszanką posiekanych daktyli i orzechów.

Tort Zunny

Służy 8

Ten transatlantycki import, nazywany niegdyś rajskim ciastem, jest z nami od wielu lat i nigdy nie traci na atrakcyjności.

Na ciasto:
3-4 marchewki, pokrojone na kawałki
50 g kawałków orzecha włoskiego
50 g / 2 uncje / ½ szklanki posiekanych pakowanych daktyli, obtoczonych w cukrze
175 g/6 uncji/¾ szklanki miękkiego jasnobrązowego cukru
2 duże jajka w temperaturze pokojowej
175 ml/6 uncji/¾ szklanki oleju słonecznikowego
5 ml/1 łyżeczka esencji waniliowej (ekstraktu)
30 ml / 2 łyżki zimnego mleka
150 g/5 uncji/1¼ szklanki zwykłej mąki (uniwersalnej).
5 ml/1 łyżeczka proszku do pieczenia
4 ml/¾ łyżeczki sody oczyszczonej (sody oczyszczonej)
5 ml/1 łyżeczka mieszanki przypraw (szarlotka).

Na lukier z serka śmietankowego:
175 g/6 uncji/¾ szklanki pełnotłustego sera śmietankowego w temperaturze pokojowej

5 ml/1 łyżeczka esencji waniliowej (ekstraktu)

75 g/3 oz/½ szklanki cukru pudru (cukierniczego), przesianego

15 ml/1 łyżka świeżo wyciśniętego soku z cytryny

Aby zrobić ciasto, posmaruj olejem okrągłą formę do mikrofalówek o średnicy 20 cm i wyłóż dno nieprzywierającym papierem pergaminowym. Umieść marchewki i kawałki orzecha włoskiego w blenderze lub robocie kuchennym i włącz maszynę, aż oba zostaną grubo posiekane. Przełożyć do miski i wymieszać z daktylami, cukrem, jajkami, olejem, esencją waniliową i mlekiem. Przesiej suche składniki, a następnie wymieszaj widelcem z marchewką. Przełożyć do przygotowanej formy. Przykryj folią spożywczą (plastikową) i złóż ją dwukrotnie, aby para mogła się wydostać. Gotuj przez 6 minut, obracając trzy razy. Odstaw na 15 minut, a następnie wyjdź na metalową kratkę. Usuń papier. Po całkowitym ostygnięciu odwrócić na talerz.

Aby zrobić lukier z serka śmietankowego, ubij ser, aż będzie gładki. Dodać pozostałe składniki i lekko zmiksować na gładką masę. Rozsmarować grubo na wierzchu ciasta.

Ciasto Pasternak

Służy 8

Przygotować jak ciasto marchewkowe, ale zamiast marchewki dodać 3 małe pasternaki.

ciasto dyniowe

Służy 8

Przygotuj jak ciasto marchewkowe, ale marchewkę zastąp obraną dynią, zostawiając średni klin, z którego powinno wyjść około 175 g miąższu z pestkami. Zastąp ciemnobrązowy cukier łagodną przyprawą i ziele angielskie mieszaną przyprawą (jabłko).

Skandynawskie ciasto kardamonowe

Służy 8

Kardamon jest często używany w skandynawskich wypiekach, a to ciasto jest typowym przykładem egzotyki półkuli północnej. Jeśli masz problem ze zdobyciem mielonego kardamonu, wypróbuj lokalny sklep z żywnością etniczną.

Na ciasto:

175 g/6 uncji/1½ szklanki samorosnącej (rosnącej) mąki.

2,5 ml/½ łyżeczki proszku do pieczenia

75 g masła lub margaryny o temperaturze kuchennej

75 g/3 uncji/2/3 szklanki jasnego, miękkiego brązowego cukru

10 ml/2 łyżeczki mielonego kardamonu

1 jajko

Zimne mleko

Na polewę:

30 ml/2 łyżki posiekanych migdałów, uprażonych

30 ml / 2 łyżki jasnego miękkiego brązowego cukru

5 ml/1 łyżeczka mielonego cynamonu

Wyłóż naczynie o głębokości 16,5 cm/6½ średnicy folią spożywczą (plastikową), tak aby zwisała lekko poza krawędź. Mąkę i proszek do pieczenia przesiać do miski i rozetrzeć z masłem lub margaryną. Dodaj cukier i kardamon. Ubij jajko w dzbanku z miarką i dodaj do 150 ml mleka. Mieszaj suche składniki widelcem, aż dobrze się połączą, ale unikaj ubijania. Wlać do przygotowanego naczynia. Składniki na polewę łączymy i posypujemy ciasto. Przykryć folią spożywczą i przełamać ją dwukrotnie, aby para mogła się ulotnić. Gotuj przez 4 minuty, dwukrotnie obracając. Odstaw na 10 minut, a następnie ostrożnie przenieś na metalową kratkę trzymając folię spożywczą. Ostrożnie zdejmij folię spożywczą, gdy ciasto ostygnie.

Chleb z herbatą owocową

Robi 8 plasterków

225 g/8 uncji/1 1/3 szklanki mieszanych suszonych owoców (mix ciasta owocowego)

100 g/3½ uncji/½ szklanki ciemnego miękkiego brązowego cukru

30 ml/2 łyżki mocnej zimnej czarnej herbaty

100 g/1 szklanka pełnoziarnistej samorosnącej mąki (samorosnącej)

5 ml/1 łyżeczka mielonego ziela angielskiego

1 jajko, w temperaturze kuchennej, ubite

8 całych migdałów, blanszowanych

30 ml/2 łyżki złotego syropu (jasna kukurydza).

Masło, do smarowania

Ściśle wyłóż podstawę i boki formy na suflet o średnicy 15 cm/6 cali folią spożywczą (plastikową), tak aby zwisała bardzo lekko z boku. Umieść owoce, cukier i herbatę w misce, przykryj talerzem i gotuj na pełnym ogniu przez 5 minut. Mąkę, przyprawy i jajka wymieszać widelcem, następnie przełożyć do przygotowanego naczynia. Na wierzch ułożyć migdały. Przykryć luźno papierem kuchennym i gotować w trybie rozmrażania przez 8-9 minut, aż ciasto dobrze wyrośnie i zacznie odchodzić od ścianek naczynia. Odstaw na 10 minut, a następnie przenieś na metalową podstawkę z folią spożywczą.

Podgrzewaj syrop w filiżance w trybie rozmrażania przez 1,5 minuty. Zdejmij folię z ciasta i przemyj powierzchnię podgrzanym syropem. Podawać pokrojone i posmarowane masłem.

Wiktoriańskie Ciasto Kanapkowe

Służy 8

175 g/6 uncji/1½ szklanki samorosnącej (rosnącej) mąki.
175 g masła lub margaryny o temperaturze kuchennej
175 g/6 uncji/¾ szklanki cukru pudru (bardzo drobnego).
3 jajka w temperaturze kuchennej
45 ml/3 łyżki zimnego mleka
45 ml/3 łyżki dżemu (konserwowego)
120 ml/4 fl oz/½ szklanki podwójnej (ciężkiej) lub bitej śmietany
Cukier puder (cukierniczy), przesiany, do posypania

Wyłóż dna i boki dwóch płytkich naczyń o średnicy 20 cm folią spożywczą (plastikową), tak aby zwisała bardzo lekko poza krawędź. Mąkę przesiać na talerz. Masło lub margarynę utrzeć z cukrem, aż masa będzie lekka i puszysta oraz do uzyskania konsystencji bitej śmietany. Jajka ubić jedno po drugim, dodając do każdego po 15 ml/1 łyżkę mąki. Dużą metalową łyżką dodawać pozostałą mąkę na przemian z mlekiem. Rozłóż równomiernie w przygotowanych potrawach. Przykryć luźno papierem kuchennym. Gotuj pojedynczo na pełnym ogniu przez 4 minuty. Pozostaw do ostygnięcia do letniej temperatury, a następnie odwróć na metalową podstawkę. Zdejmij folię spożywczą i pozostaw do całkowitego ostygnięcia. Złóż kanapkę z dżemem i bitą śmietaną, a przed podaniem posyp wierzch cukrem pudrem.

Ciasto Orzechowe

Służy 8

175 g/6 uncji/1½ szklanki samorosnącej (rosnącej) mąki.
175 g masła lub margaryny o temperaturze kuchennej
5 ml/1 łyżeczka esencji waniliowej (ekstraktu)
175 g/6 uncji/¾ szklanki cukru pudru (bardzo drobnego).
3 jajka w temperaturze kuchennej
50 g/2 uncje/½ szklanki orzechów włoskich, drobno posiekanych
45 ml/3 łyżki zimnego mleka
2 ilości Kremu Masłowego Lukier
16 połówek orzecha włoskiego do dekoracji

Wyłóż dna i boki dwóch płytkich naczyń o średnicy 20 cm folią spożywczą (plastikową), tak aby zwisała bardzo lekko poza krawędź. Mąkę przesiać na talerz. Masło lub margarynę, esencję waniliową i cukier utrzeć na jasną i puszystą masę o konsystencji bitej śmietany. Jajka ubić jedno po drugim, dodając do każdego po 15 ml/1 łyżkę mąki. Dużą metalową łyżką wmieszać orzechy do pozostałej mąki na przemian z mlekiem. Rozłóż równomiernie w przygotowanych potrawach. Przykryć luźno papierem kuchennym. Gotuj pojedynczo na pełnym ogniu przez 4,5 minuty. Pozostaw do ostygnięcia do letniej temperatury, a następnie odwróć na metalową podstawkę. Zdejmij folię spożywczą i pozostaw do całkowitego ostygnięcia. Kanapkę razem z połową lodu (lukier) i resztą na torcie.

Szarańcza Ciasto

Służy 8

Przygotuj jak ciasto kanapkowe Victoria, ale zastąp 25 g mąki kukurydzianej i 25 g proszku z chleba świętojańskiego na 50 g mąki. Kanapka ze śmietaną i/lub owocami z puszki lub świeżymi. Dodaj 5 ml/1 łyżeczkę esencji waniliowej (ekstraktu) do składników kremu, jeśli chcesz.

Łatwe Ciasto Czekoladowe

Służy 8

Przygotuj jak ciasto Victoria Sandwich, ale zastąp 25 g skrobi kukurydzianej (skrobi kukurydzianej) i 25 g kakao w proszku (niesłodzonej czekolady) na 50 g mąki. Kanapka razem z pastą śmietankową i/lub czekoladową.

ciasto migdałowe

Służy 8

Przygotuj jak Victoria Sandwich Cake, ale zastąp 40 g mielonych migdałów taką samą ilością mąki. Doprawić składniki kremu 2,5–5 ml/½–1 łyżeczki esencji migdałowej (ekstraktu). Kanapkę razem z gładkim dżemem morelowym (konfitura) i cienką warstwą marcepanu (pasta migdałowa).

Tort Wiktoriański

Służy 8

Przygotuj jak Victoria Sandwich Cake lub dowolną z odmian. Kanapka ze śmietaną lub Butter Cream Lukier (lukier) i/lub dżem (konserwowany), pasta czekoladowa, masło orzechowe, twarożek pomarańczowy lub cytrynowy, marmolada pomarańczowa, nadzienie owocowe w puszkach, miód lub marcepan (pasta migdałowa). Wierzch i boki posmarować kremem maślanym lub lukrem. Dekorowane świeżymi lub konserwowanymi owocami, orzechami lub drażetkami. Aby ciasto było jeszcze bogatsze, pokrój każdą upieczoną warstwę na pół, aby uzyskać w sumie cztery warstwy przed nadzieniem.

Herbaciany biszkopt do ciasta

Robi 6 plasterków

75 g/3 uncji/2/3 szklanki (bardzo drobnego) cukru pudru
3 jajka w temperaturze kuchennej
75 g/3 uncji/¾ szklanki mąki pszennej (uniwersalnej).
90 ml/6 łyżek śmietany kremówki (w ciąży) lub do ubicia, ubić
45 ml/3 łyżki dżemu (konserwowego)
Cukier puder (bardzo drobny) do posypania

Wyłóż dno i boki formy na suflet o średnicy 18 cm/7 cm folią spożywczą (plastikową), tak aby lekko wystawała poza krawędź. Umieść cukier w ciepłej misce, bez przykrycia, w trybie rozmrażania na 30 sekund. Dodaj jajka i ubijaj, aż masa zgęstnieje do konsystencji bitej śmietany. Kroić powoli i lekko, a następnie metalową łyżką wymieszać z mąką. Nie pukać ani nie wstrząsać. Gdy składniki dobrze się połączą, przełożyć do przygotowanego naczynia. Przykryj luźno papierem kuchennym i gotuj dokładnie przez 4 minuty. Odstaw na 10 minut, a następnie przenieś na metalową podstawkę z folią spożywczą. Gdy ostygnie, zdejmij folię spożywczą. Przekroić na pół i ułożyć razem ze śmietaną i dżemem. Przed podaniem wierzch posypać cukrem pudrem.

Biszkopt cytrynowy

Robi 6 plasterków

Przygotuj jak przedszkolny biszkopt, ale dodaj 10 ml/2 łyżeczki drobno startej skórki z cytryny do podgrzanej mieszanki jajek i cukru bezpośrednio przed dodaniem mąki. Kanapka razem z lemon curd i gęstą śmietaną.

Pomarańczowy Biszkopt

Robi 6 plasterków

Przygotuj jak przedszkolny biszkopt, ale dodaj 10 ml/2 łyżeczki drobno startej skórki pomarańczowej do podgrzanej mieszanki jajek i cukru bezpośrednio przed dodaniem mąki. Kanapka razem z kremem czekoladowym i gęstą śmietaną.

Espresso Kawowe Ciasto

Służy 8

250 g/8 uncji/2 szklanki samorosnącej (rosnącej) mąki.
15 ml/1 łyżka stołowa/2 saszetki rozpuszczalnej kawy espresso w proszku
125 g masła lub margaryny
125 g/4 uncji/½ szklanki miękkiego ciemnobrązowego cukru
2 jajka, w temperaturze pokojowej
75 ml/5 łyżek zimnego mleka

Wyłóż dno i boki formy na suflet o średnicy 18 cm/7 cm folią spożywczą (plastikową), tak aby lekko wystawała poza krawędź. Mąkę i kawę w proszku przesiej do miski i rozetrzyj z masłem lub margaryną. Dodaj cukier. Dobrze wymieszaj jajka i mleko, a następnie równomiernie wymieszaj widelcem z suchymi składnikami. Przełóż łyżką do przygotowanego naczynia i przykryj luźno papierem kuchennym. Gotuj przez 6½–7 minut, aż ciasto dobrze wyrośnie i zacznie odchodzić od ścianek naczynia. Pozostaw na 10 minut. Przenieś na metalową kratkę trzymającą folię spożywczą. Po całkowitym ostygnięciu zdejmij folię spożywczą i przechowuj ciasto w szczelnym pojemniku.

Espresso Kawowe Ciasto Z Pomarańczowym Lodem

Służy 8

Zrób ciasto kawowe espresso. Około 2 godziny przed podaniem przygotuj gęsty lukier, mieszając 175 g/6 uncji/1 szklanka cukru pudru (cukierniczego) z taką ilością soku pomarańczowego, aby powstał lukier przypominający pastę. Rozsmaruj na wierzchu ciasta, a następnie udekoruj startą czekoladą, posiekanymi orzechami, setkami i tysiącami itp.

Espresso Kawowy Tort Śmietankowy

Służy 8

Zrób Espresso Coffee Cake i pokrój na dwie warstwy. Ubij 300 ml/½ części/1¼ szklanki podwójnej (ciężkiej) śmietany z 60 ml/4 łyżkami zimnego mleka, aż zgęstnieje. Dosłodzić 45 ml/3 łyżki cukru pudru (bardzo drobnego) i doprawić do smaku mieloną kawą espresso. Użyj trochę do ułożenia warstw, a następnie rozsmaruj resztę grubo na wierzchu i bokach ciasta. Wierzch posypać orzechami laskowymi.

Ciasteczka z rodzynkami

Robi 12

125 g/4 uncji/1 szklanka samorosnącej (rosnącej) mąki.
50 g masła lub margaryny
50 g/2 uncje/¼ szklanki cukru pudru (bardzo drobnego).
30 ml/2 łyżki rodzynek
1 jajko
30 ml / 2 łyżki zimnego mleka
2,5 ml/½ łyżeczki esencji waniliowej (ekstraktu)
Cukier puder (cukierniczy) do posypania

Mąkę przesiać do miski i rozetrzeć z masłem lub margaryną. Dodaj cukier i rodzynki. Ubij jajko z mlekiem i esencją waniliową i wymieszaj suche składniki widelcem, zmiksuj na miękkie ciasto bez ubijania. Podziel pomiędzy 12 papierowych babeczek i umieść po sześć na talerzu obrotowym kuchenki mikrofalowej. Przykryć luźno papierem kuchennym. Gotuj całkowicie przez 2 minuty. Przełożyć na metalową kratkę do ostygnięcia. Po schłodzeniu oprószyć przesianym cukrem pudrem. Przechowywać w hermetycznym pojemniku.

Ciasteczka Kokosowe

Robi 12

Przygotować jak w przypadku Raisin Cup Cakes, ale zamiast rodzynek dodać 25 ml/1½ łyżki wiórków kokosowych i zwiększyć ilość mleka do 25 ml/1½ łyżki.

Czekoladowe Ciasta

Robi 12

Przygotować jak w przypadku Raisin Cup Cakes, ale rodzynki zastąpić 30 ml/2 łyżki wiórków czekoladowych.

Bananowe Ciasto Przyprawowe

Służy 8

3 duże dojrzałe banany
175 g/6 uncji/¾ szklanki margaryny i białego tłuszczu piekarskiego w temperaturze pokojowej
175 g/6 uncji/¾ szklanki ciemnego miękkiego brązowego cukru
10 ml / 2 łyżeczki proszku do pieczenia
5 ml/1 łyżeczka mielonego ziela angielskiego
225 g / 8 uncji / 2 szklanki brązowej mąki ze słodu, takiej jak spichlerz
1 duże jajko, ubite
15 ml/1 łyżka posiekanych orzechów pekan
100 g/2/3 szklanki posiekanych daktyli

Ściśle wyłóż dno i boki formy na suflet o średnicy 20 cm folią spożywczą (plastikową), tak aby zwisała bardzo lekko poza krawędź. Banany obrać i dokładnie rozgnieść w misce. Ubij oba tłuszcze. Wmieszać cukier. Do mąki dodać proszek do pieczenia i ziele angielskie. Za pomocą widelca wymieszaj masę bananową z jajkiem, orzechami włoskimi i daktylami. Rozłóż równomiernie w przygotowanym naczyniu. Przykryj luźno papierem kuchennym i gotuj na pełnym ogniu przez 11 minut, obracając naczynie trzy razy. Pozostaw na 10 minut. Przenieś na metalową kratkę trzymającą folię spożywczą. Całkowicie ostudź, a następnie zdejmij folię spożywczą i przechowuj ciasto w szczelnym pojemniku.

Ciasto bananowo-przyprawowe z lukrem ananasowym

Służy 8

Zrób ciasto z przyprawami bananowymi. Około 2 godziny przed podaniem polej ciasto gęstym lukrem, zrobionym przez przesianie do miski 175 g/6 uncji/1 szklanka cukru pudru (cukierków) i zmieszanie z kilkoma kroplami soku ananasowego do uzyskania konsystencji pasty . Po zastygnięciu udekoruj suszonymi chipsami bananowymi.

Lody Maślane

Wychodzi 225 g/8 uncji/1 filiżanka

75 g masła o temperaturze kuchennej
175 g/6 uncji/1 szklanka cukru pudru (cukierniczego), przesianego
10 ml/2 łyżeczki zimnego mleka
5 ml/1 łyżeczka esencji waniliowej (ekstraktu)
Cukier puder (cukierniczy), do posypania (opcjonalnie)

Masło utrzeć na jasną masę, następnie stopniowo dodawać cukier, aż masa stanie się jasna, puszysta i podwoi swoją objętość. Wymieszaj mleko i esencję waniliową i ubij lukier, aż będzie gładki i gęsty.

Czekoladowy lukier krówkowy

Wychodzi 350 g/12 uncji/1½ filiżanki

Lukier w stylu amerykańskim, który jest przydatny do polewania każdego zwykłego ciasta.

30 ml/2 łyżki masła lub margaryny
60 ml/4 łyżki mleka
30 ml/2 łyżki kakao w proszku (niesłodzona czekolada).
5 ml/1 łyżeczka esencji waniliowej (ekstraktu)
300 g/10 uncji/12/3 szklanki cukru pudru (cukierniczego), przesianego

W misce umieść masło lub margarynę, mleko, kakao i esencję waniliową. Gotuj bez przykrycia w trybie rozmrażania przez 4 minuty, aż będzie gorący, a tłuszcz się roztopi. Ubijaj przesiany cukier puder, aż lukier będzie gładki i dość gęsty. Użyj natychmiast.

Owocowe kliny zdrowotne

Sprawia, że 8

100 g suszonych krążków jabłkowych
75 g/3 uncji/¾ szklanki pełnoziarnistej samorosnącej mąki
75 g/3 uncje/¾ szklanki płatków owsianych
75 g/3 uncje/2/3 szklanki margaryny
75 g/3 uncji/2/3 szklanki ciemnego miękkiego brązowego cukru
6 suszonych śliwek kalifornijskich, posiekanych

Namocz krążki jabłek w wodzie przez noc. Ściśle wyłóż podstawę i boki płytkiego naczynia o średnicy 18 cm/7 cm folią spożywczą (plastikową), tak aby zwisała bardzo lekko poza krawędź. Do miski wsypać mąkę i płatki owsiane, dodać margarynę i rozetrzeć opuszkami palców. Wmieszaj cukier, aby uzyskać kruszonkę. Rozłóż połowę podstawy przygotowanego dania. Odcedź i pokrój krążki jabłek. Delikatnie dociśnij suszone śliwki do mieszanki owsianej. Równomiernie posypać pozostałą mieszanką owsianą. Gotuj bez przykrycia w całości przez 5½–6 minut. Pozostaw do całkowitego ostygnięcia w naczyniu. Rozwiń trzymając folię spożywczą, następnie zdejmij folię spożywczą i pokrój w kliny. Przechowywać w hermetycznym pojemniku.

Kliny zdrowotne z owoców moreli

Sprawia, że 8

Przygotuj się jednak jak na Zdrowotne Kliny Owocowe zastąp śliwki 6 suszonymi, dobrze umytymi morelami.

Bułka maślana

Robi 12 klinów

225 g/8 uncji/1 szklanka niesolonego (słodkiego) masła o temperaturze kuchennej
125 g/1/2 szklanki cukru pudru (bardzo drobnego) plus dodatkowo do posypania
350 g/12 uncji/3 szklanki mąki pszennej (uniwersalnej).

Szara i podstawowa linia głębokie naczynie o średnicy 20 cm/8. Masło i cukier utrzyj na jasną i puszystą masę, a następnie wymieszaj z mąką, aż do uzyskania gładkiej i równomiernej konsystencji. Rozłóż równomiernie w przygotowanym naczyniu i wszystko nabierz widelcem. Gotuj bez przykrycia w trybie rozmrażania przez 20 minut. Wyjąć z kuchenki mikrofalowej i posypać 15 ml/1 łyżka cukru pudru. Pokrój na 12 klinów, gdy jest jeszcze lekko ciepły. Ostrożnie przenieś na metalową podstawkę i pozostaw do całkowitego ostygnięcia. Przechowywać w hermetycznym pojemniku.

Ekstra Chrupiące Ciastka

Robi 12 klinów

Przygotuj jak ciasto kruche, ale zastąp 25 g semoliny (krem pszeniczny) na 25 g mąki.

Wyjątkowo gładkie kruche ciasto

Robi 12 klinów

Przygotuj jak ciasto kruche, ale zastąp 25 g mąki kukurydzianej 25 g mąki.

Pikantne kruche ciasto

Robi 12 klinów

Przygotuj jak kruche ciasto, ale przesiej do mąki 10 ml/2 łyżeczki mieszanki przypraw (szarlotka).

Kruche ciasto w stylu holenderskim

Robi 12 klinów

Przygotować jak ciasto kruche, ale mąkę zwykłą zastąpić samorosnącą i przesiać do mąki 10 ml/2 łyżeczki mielonego cynamonu. Przed gotowaniem posmaruj powierzchnię 15–30 ml/1–2 łyżek śmietany, a następnie delikatnie dociśnij lekko uprażone obrane (pokrojone) migdały.

Kulki Cynamonowe

Robi 20

Specjalność Święta Wielkanocnego, mieszanka ciastka z ciastem, które wydaje się lepiej zachowywać w mikrofalówce niż pieczone w tradycyjny sposób.

2 duże białka jaj
125 g/4 uncji/½ szklanki cukru pudru (bardzo drobnego).
30 ml/2 łyżki mielonego cynamonu
225 g/8 uncji/2 szklanki mielonych migdałów
Przesiany cukier puder (cukierniczy).

Białka ubij na sztywną pianę, następnie dodaj cukier, cynamon i migdały. Wilgotnymi dłońmi uformować 20 kulek. Ułóż w dwa okręgi, jeden w drugim, wokół krawędzi dużego płaskiego talerza. Gotuj bez przykrycia na pełnym ogniu przez 8 minut, obracając talerz cztery razy. Schłodzić do lekkiego podgrzania, a następnie obtoczyć w cukrze pudrze, aż każdy będzie mocno pokryty. Pozostaw do całkowitego ostygnięcia i przechowuj w szczelnym pojemniku.

Złote zatrzaski brandy

Robi 14

Raczej trudne do wykonania konwencjonalnie, działają jak marzenie w kuchence mikrofalowej.

50 g/2 uncje/¼ szklanki masła

50 g/1/6 szklanki złotego syropu (jasna kukurydza).

40 g/3 łyżki złotego cukru pudru

40 g/1½ uncji/1½ łyżki brązowej mąki ze słodu, takiej jak spichlerz

2,5 ml/½ łyżeczki mielonego imbiru

150 ml/¼ pt/2/3 szklanki podwójnej (ciężkiej) lub bitej śmietany

Umieścić masło w naczyniu i topić bez przykrycia w trybie rozmrażania przez 2–2,5 minuty. Dodaj syrop i cukier i dobrze wymieszaj. Gotuj bez przykrycia w całości przez 1 minutę. Wmieszaj mąkę i imbir. Umieść cztery miarki mieszanki o pojemności 5 ml/1 łyżeczkę w dużych odstępach od siebie bezpośrednio na szklanym lub plastikowym talerzu obrotowym do kuchenki mikrofalowej. Gotuj w całości przez 1½–1¾ minuty, aż brandy zacznie się brązowieć i wyglądać jak koronka na wierzchu. Ostrożnie wyjmij talerz obrotowy z kuchenki mikrofalowej i pozostaw ciasteczka na 5 minut. Usuń każdy z nich po kolei za pomocą noża do palet. Zwiń rączkę dużej drewnianej łyżki. Ściśnij knykcie razem opuszkami palców i przesuń do krawędzi miski łyżki. Powtórz z pozostałymi trzema ciastkami. po założeniu, zdjąć z uchwytu i przenieść na drucianą kratkę do chłodzenia. Powtarzaj, aż wykorzystasz pozostałą mieszaninę.

Przechowywać w hermetycznej puszce. Przed jedzeniem wyciskaj gęstą śmietanę na obu końcach każdej brandy i jedz tego samego dnia, ponieważ mięknie po odstawieniu.

Czekoladowe Snapy Brandy

Robi 14

Przygotuj się jak Golden Brandy Snaps. Przed nałożeniem kremu ułożyć na blasze do pieczenia i posmarować wierzch ciemną czekoladą lub roztopionym jajkiem. Pozwól mu zastygnąć, a następnie dodaj śmietanę.

bułeczki bułeczki

Robi około 8

Mieszanka bułki i scone, są wyjątkowo lekkie i stanowią pyszną przekąskę, jedzoną jeszcze ciepłą, posmarowaną masłem i dżemem (konserwowanym) lub miodem do wyboru.

225 g/8 uncji/2 szklanki mąki pełnoziarnistej
5 ml/1 łyżeczka kremu z kamienia nazębnego
5 ml/1 łyżeczka sody oczyszczonej (sody oczyszczonej)
1,5 ml/¼ łyżeczki soli
20 ml/4 łyżeczki cukru pudru (bardzo drobny).
25 g/1 uncja/2 łyżki masła lub margaryny
150 ml/¼ pt/2/3 szklanki maślanki lub zastąp ją mieszanką pół jogurtu naturalnego i pół odtłuszczonego mleka, jeśli nie jest dostępne
Roztrzepane jajko, do posmarowania
Dodaj 5 ml/1 łyżeczka cukru wymieszanego z 2,5 ml/½ łyżeczki mielonego cynamonu do posypania

W misce przesiej mąkę, krem z kamienia nazębnego, sodę oczyszczoną i sól. Wsyp cukier i drobno utrzyj z masłem lub margaryną. Dodać maślankę (lub substytut) i wymieszać widelcem do uzyskania dość miękkiego ciasta. Przełożyć na oprószony mąką blat i szybko i lekko zagnieść, aż będzie gładkie. Dociśnij równomiernie do grubości 1 cm/½, a następnie pokrój w kółko za pomocą foremki do ciastek o średnicy 5 cm/2. Ponownie zroluj skrawki i dalej tnij na koła. Umieścić na krawędzi wysmarowanej masłem formy 25 cm/10 w płaskim naczyniu. Posmarować białkiem i posypać mieszanką cukru i cynamonu. Gotuj bez przykrycia na pełnym ogniu przez 4 minuty, obracając talerz cztery razy. Odstaw na 4 minuty, a następnie przenieś na metalową podstawkę. Jedz, póki jest jeszcze gorące.

Bułeczki z Rodzynkami

Robi około 8

Przygotuj jak Bun Scones, ale dodaj 15 ml/1 łyżkę rodzynek do cukru.

Chleb

Jakikolwiek płyn użyty do wypieku drożdży powinien być letni - nie gorący ani zimny. Najlepszym sposobem na uzyskanie odpowiedniej temperatury jest zmieszanie w połowie wrzącej cieczy z w połowie zimną. Jeśli po zanurzeniu drugiego małego palca nadal wydaje się ciepły, schłódź go nieco przed użyciem. Zbyt gorący płyn jest większym problemem niż zbyt zimny, ponieważ może zabić drożdże i zatrzymać wyrastanie chleba.

Podstawowe Białe Ciasto Chlebowe

Robi jeden bochenek

Szybkie ciasto chlebowe dla tych, którzy lubią piec, ale nie mają czasu.

450 g / 1 lb / 4 szklanki mąki pszennej (chlebowej) mocnej
5 ml/1 łyżeczka soli
1 saszetka suchych drożdży Easy Mix
30 ml/2 łyżki masła, margaryny, białego tłuszczu piekarskiego lub smalcu
300 ml/½ pt/1 ¼ szklanki letniej wody

Mąkę i sól przesiać do miski. Podgrzewać bez przykrycia w trybie rozmrażania przez 1 minutę. Dodać drożdże i rozetrzeć z tłuszczem. Z wodą zmiksować na ciasto. Zagniataj na posypanej mąką powierzchni, aż będzie gładkie, elastyczne i przestanie się kleić. Wróć do miski oczyszczonej i wysuszonej, ale teraz lekko natłuszczonej. Przykryj samą miskę, a nie ciasto, folią spożywczą (plastikową) i złóż ją dwukrotnie, aby para mogła się wydostać. Podgrzewać w trybie rozmrażania przez 1 minutę. Odpocznij w kuchence mikrofalowej przez 5 minut. Powtórz trzy lub cztery razy, aż ciasto podwoi swoją objętość. Ponownie szybko zagnieść, a następnie użyć jak w tradycyjnych przepisach lub w przepisach mikrofalowych poniżej.

Podstawowe Brązowe Ciasto Chlebowe

Robi jeden bochenek

Postępuj zgodnie z przepisem na podstawowe białe ciasto chlebowe, ale zamiast mocnej (zwykłej) mąki chlebowej użyj jednej z poniższych:

- pół mąki pełnoziarnistej i pół pełnoziarnistej
- mąka pełnoziarnista
- pół całego jęczmienia i pół białej mąki
-

Podstawowe Mleczne Ciasto Chlebowe

Robi jeden bochenek

Postępuj zgodnie z przepisem na podstawowe ciasto na biały chleb, ale zamiast wody użyj jednego z poniższych:

- pełne odtłuszczone mleko
- pół pełnego mleka i pół wody

Bap Bochenek

Robi jeden bochenek

Miękki chleb z lekką skórką, spożywany częściej na północy Wielkiej Brytanii niż na południu.

Przynieś podstawowe ciasto na biały chleb, podstawowe ciasto na brązowy chleb lub podstawowe ciasto na chleb mleczny. Zagnieść szybko i lekko po pierwszym wyrośnięciu, a następnie uformować okrąg o grubości około 5 cm. Stań na płaskim okrągłym talerzu z tłuszczem i mąką. Przykryć papierem kuchennym i podgrzewać na rozmrażaniu przez minutę. Odstaw na 4 minuty. Powtórz trzy lub cztery razy, aż ciasto podwoi swoją objętość. Posypać białą lub brązową mąką. Gotuj bez przykrycia w całości przez 4 minuty. Ostudzić na stojaku z drutu.

Bułki Bap

Robi 16

Przynieś podstawowe ciasto na biały chleb, podstawowe ciasto na brązowy chleb lub podstawowe ciasto na chleb mleczny. Zagnieść szybko i lekko po dodaniu pierwszego składnika, a następnie podzielić równomiernie na 16 części. Uformować płaskie placki. Ułóż osiem batonów na krawędzi każdej z dwóch natłuszczonych i oprószonych mąką talerzy. Przykryj papierem kuchennym i gotuj, po jednym talerzu na raz, w trybie rozmrażania przez minutę, następnie odpocznij przez 4 minuty i powtórz trzy lub cztery razy, aż bułki podwoją swoją objętość. Posypać białą lub brązową mąką. Gotuj bez przykrycia w całości przez 4 minuty. Ostudzić na stojaku z drutu.

Bułki do hamburgerów

Robi 12

Przygotuj jak Bap Rolls, ale podziel ciasto na 12 kawałków zamiast 16. Ułóż po sześć bułeczek na krawędzi każdego z dwóch talerzy i gotuj zgodnie z instrukcją.

Słodkie Bułki Owocowe

Robi 16

Przygotuj jak Bap Rolls, ale dodaj 60 ml/4 łyżki rodzynek i 30 ml/2 łyżki (bardzo drobnego) cukru pudru do suchych składników przed zmieszaniem z płynem.

Kornwalijskie podziały

Robi 16

Przygotować jak Bap Rolls, ale przed pieczeniem nie oprószyć mąką wierzchu. Zimne przekroić na pół i napełnić gęstą śmietaną lub gęstą śmietaną oraz dżemem truskawkowym lub malinowym (z puszki). Wierzch obficie posypać przesianym cukrem pudrem. Zjedz tego samego dnia.

Fantazyjne Roladki

Robi 16

Przynieś podstawowe ciasto na biały chleb, podstawowe ciasto na brązowy chleb lub podstawowe ciasto na chleb mleczny. Zagnieść szybko i lekko po dodaniu pierwszego składnika, a następnie podzielić równomiernie na 16 części. Uformuj cztery kawałki w okrągłe bułeczki i wytnij szczelinę na górze każdego z nich. Zroluj cztery kawałki w liny, każdy o długości 20 cm i zawiąż supełek. Z czterech kawałków uformować małe bochenki wiedeńskie i zrobić w każdym z nich trzy ukośne nacięcia. Podziel każdą z pozostałych czterech części na trzy, zwiń w wąskie liny i zapleć warkocz. Ułóż wszystkie bułki na wysmarowanej tłuszczem i posypanej mąką blasze i pozostaw na ogniu do podwojenia objętości. Umyć powierzchnię jajek i piec tradycyjnie w temperaturze 230°C/450°F/gaz 8 przez 15-20 minut. Wyjmij z piekarnika i przenieś bułki na metalową kratkę. przechowywać w

Roladki Z Nadzieniami

Robi 16

Przygotuj jak Fancy Rolls. Po posmarowaniu wierzchu bułek jajkiem, posypać makiem, prażonym sezamem, koprem włoskim, płatkami owsianymi, pszenną pszenicą, tartym twardym serem, gruboziarnistą solą morską, solą przyprawową do smaku.

Chleb Kminkowy

Robi jeden bochenek

Dodaj podstawowe brązowe ciasto chlebowe, dodając 10-15 ml/2-3 łyżeczki kminku do suchych składników przed zmieszaniem z płynem. Po pierwszym dodaniu lekko zagnieść, a następnie uformować kulę. Umieścić w okrągłym naczyniu żaroodpornym o pojemności 450 ml/¾ pt/2 szklanki. Przykryć papierem kuchennym i podgrzewać na rozmrażaniu przez minutę. Odstaw na 4 minuty. Powtórz trzy lub cztery razy, aż ciasto podwoi swoją objętość. Posmarować roztrzepanym jajkiem i posypać gruboziarnistą solą i/lub dodatkowymi nasionami kminku. Przykryj papierem kuchennym i gotuj na pełnym ogniu przez 5 minut, raz obracając naczynie. Gotuj całkowicie przez kolejne 2 minuty. Pozostaw na 15 minut, a następnie ostrożnie wyjmij na metalową podstawkę.

Chleb żytni

Robi jeden bochenek

Dodaj podstawowe brązowe ciasto chlebowe, używając pół mąki pełnoziarnistej i pół żytniej. Piec jak Bap Loaf.

Chleb Olejowy

Robi jeden bochenek

Przynieś podstawowe ciasto na biały chleb lub podstawowe ciasto na brązowy chleb, ale inne tłuszcze zastąp oliwą, olejem kokosowym lub olejem z orzechów laskowych. Jeśli ciasto pozostaje lepkie, dosyp jeszcze trochę mąki. Gotuj jak Bap Loaf.

Włoski chleb

Robi jeden bochenek

Dodaj podstawowe ciasto na biały chleb, ale zastąp oliwę z oliwek pozostałymi tłuszczami i dodaj 15 ml/1 łyżkę czerwonego pesto i 10 ml/2 łyżeczki przecieru (pasty) z suszonych pomidorów razem z suchymi składnikami przed zmieszaniem z płynem. Gotuj jak Bap Loaf, zostaw dodatkowe 30 sekund.

Hiszpański chleb

Robi jeden bochenek

Dodać podstawowe ciasto na biały chleb, ale inne tłuszcze zastąpić oliwą z oliwek i dodać 30 ml/2 łyżki suszonej cebuli (w stanie suchym) i 12 pokrojonych nadziewanych oliwek do suchych składników przed zmieszaniem z płynem. Gotuj jak Bap Loaf, zostaw dodatkowe 30 sekund.

Chleb Tikka Masala

Robi jeden bochenek

Dodaj podstawowe ciasto na biały chleb, ale inne tłuszcze zastąp roztopionym ghee lub olejem kukurydzianym i dodaj 15 ml/1 łyżkę mieszanki przypraw tikka i nasiona z 5 zielonych strąków kardamonu do suchych składników przed zmieszaniem z płynem. Gotuj jak Bap Loaf, zostaw dodatkowe 30 sekund.

Chleb słodowy z owocami

Robi 2 bochenki

450 g / 1 lb / 4 szklanki mąki pszennej (chlebowej) mocnej
10 ml/2 łyżeczki soli
1 saszetka suchych drożdży Easy Mix
60 ml/4 łyżki mieszanki porzeczek i rodzynek
60 ml/4 łyżki ekstraktu z jęczmienia
15 ml/1 łyżka czarnej melasy (melasa)
25 g/1 uncja/2 łyżki masła lub margaryny
45 ml/3 łyżki stołowe letniego odtłuszczonego mleka
150 ml/¼ pt./2/3 szklanki letniej wody
Masło, do smarowania

Mąkę i sól przesiać do miski. Wmieszać drożdże i suszone owoce. Umieść ekstrakt słodowy, melasę i masło lub margarynę w małej misce. Rozmrażaj bez przykrycia w trybie rozmrażania przez 3 minuty. Dodaj mąkę z mlekiem i taką ilością wody, aby powstało miękkie, ale nie klejące ciasto. Zagniataj na posypanej mąką powierzchni, aż będzie gładkie, elastyczne i przestanie się kleić. Podziel na dwie równe części. Uformuj każdy tak, aby pasował do okrągłego lub prostokątnego naczynia o pojemności 900 ml/1½ pt/3¾ szklanki. Przykryj naczynia, a nie ciasto, folią spożywczą (plastik) i przetnij ją dwukrotnie, aby para mogła się wydostać. Podgrzewaj razem w trybie rozmrażania przez minutę. Pozostaw na 5 minut. Powtórz trzy lub cztery razy, aż ciasto podwoi swoją objętość. Usuń folię spożywczą. Umieść naczynia obok siebie w kuchence mikrofalowej i gotuj bez przykrycia przez 2 minuty. Zmień położenie naczyń i gotuj przez kolejne 2 minuty. Powtórz jeszcze raz. Pozostaw na 10 minut. Odwrócić na stojak z drutu. Przechowywać w szczelnym pojemniku, gdy jest całkowicie zimny. Odstawić na dzień przed pokrojeniem i posmarowaniem masłem.

Irlandzki Chleb Sodowy

Wychodzi 4 małe bochenki

200 ml/7 fl oz/niecałe 1 szklanka maślanki lub po 60 ml/4 łyżki odtłuszczonego mleka i jogurtu naturalnego

75 ml/5 łyżek pełnotłustego mleka

350 g/12 uncji/3 szklanki mąki pełnoziarnistej

125 g/4 uncje/1 szklanka mąki pszennej (uniwersalnej).

10 ml/2 łyżeczki sody oczyszczonej (sody oczyszczonej)

5 ml/1 łyżeczka kremu z kamienia nazębnego

5 ml/1 łyżeczka soli

50 g masła, margaryny lub białego tłuszczu piekarskiego

Dokładnie natłuścić talerz obiadowy o średnicy 25 cm/10 cm. Wymieszaj maślankę lub substytut i mleko. Do miski przesiej mąkę pełnoziarnistą i przesiej mąkę pszenną, sodę oczyszczoną, winian i sól. Dobrze zetrzyj tłuszcz. Dodaj cały płyn naraz i wymieszaj widelcem na miękkie ciasto. Szybko zagniataj oprószonymi mąką rękoma, aż będą gładkie. Uformować okrągły placek o średnicy 18 cm/7. Przełożyć na środek talerza. Tylną częścią noża natnij głęboki krzyż na wierzchu, a następnie lekko oprósz mąką. Przykryj luźno papierem kuchennym i gotuj przez 7 minut. Chleb urośnie i rozłoży się. Pozostaw na 10 minut. Wyjmij talerz za pomocą plastra ryby i umieść na ruszcie. Po schłodzeniu podzielić na cztery porcje. przechowywać w

Chleb Sodowany Z Otrębami

Wychodzi 4 małe bochenki

Przygotuj jak Irish Soda Bread, ale dodaj 60 ml/4 łyżki grubych otrębów przed zmieszaniem z płynem.

Aby odświeżyć chleb Riq

Umieść chleb lub bułki w brązowej papierowej torbie lub umieść między warstwami czystego ręcznika kuchennego (ściereczki do naczyń) lub serwetki stołowej. Podgrzewaj w trybie rozmrażania, aż chleb będzie lekko ciepły na powierzchni. Zjedz od razu i nie powtarzaj z resztkami tego samego chleba.

greckie pity

Wychodzi 4 bochenki

Dodać podstawowe ciasto na biały chleb. Podzielić na cztery równe części i każdą lekko zagnieść w kulę. Rozwałkować na owale, każdy o długości 30 cm na środku. Oprószyć lekko mąką. Zwilż brzegi wodą. Złóż każdy na pół, przenosząc górną krawędź nad dolną. Mocno ściśnij krawędzie, aby je skleić. Ułożyć na wysmarowanej tłuszczem i posypanej mąką blasze. Piec natychmiast w tradycyjnym piekarniku w temp. 230°C/450°F/gaz 8 przez 20–25 minut, aż bochenki dobrze wyrosną i będą ciemnozłote. Ostudzić na stojaku z drutu. Pozostaw do ostygnięcia, a następnie rozłóż i jedz z greckimi dipami i innymi potrawami.

Cherry Fighter w porcie

Serwuje 6

750 g/1½ funta wiśni Morello bez pestek w lekkim syropie, odsączone i zarezerwowane
15 ml/1 łyżka żelatyny w proszku
45 ml/3 łyżki cukru pudru (bardzo drobny).
2,5 ml/½ łyżeczki mielonego cynamonu
Portowy płowy
Podwójna śmietana (ciężka), ubita i mieszanka przypraw (szarlotka), do dekoracji

Wlej 30 ml/2 łyżki syropu do dużej miarki. Wmieszaj żelatynę i pozostaw na 2 minuty, aby zmiękła. Przykryć spodkiem i rozmrażać w trybie rozmrażania przez 2 minuty. Mieszaj, aby upewnić się, że żelatyna się rozpuściła. Wymieszaj pozostały syrop wiśniowy, cukier i cynamon. Dodaj do 450 ml/¾ pt/2 szklanek z portem. Przykryć jak poprzednio i podgrzewać na pełnej mocy przez 2 minuty, trzykrotnie mieszając, aż płyn będzie gorący, a cukier się rozpuści. Przenieś do miski o pojemności 1,25 litra/2¼ pt/5½ szklanki i pozostaw do ostygnięcia. Przykryć i schłodzić, aż mieszanina żelatyny zacznie gęstnieć i umieścić trochę wokół boku miski. Złóż wiśnie i rozłóż na sześciu talerzach deserowych. Schłodzić do całkowitego stężenia. Przed podaniem udekoruj gęstą śmietaną i mieszanką przypraw w proszku.

Cherry Warrior w Cydrze

Serwuje 6

Przygotować jak w Galaretce Wiśnie w porto, ale porto zastąpić mocnym wytrawnym cydrem, a cynamonem 5 ml/1 łyżeczka startej skórki pomarańczowej.

Grzany Ananas

Służy 8

225 g/8 uncji/1 szklanka cukru pudru (bardzo drobnego).
150 ml/¼ pt./2/3 szklanki zimnej wody
1 duży świeży ananas
6 całych goździków
5 cm/2 szt. brązowego sztyftu
1,5 ml/¼ łyżeczki startej gałki muszkatołowej
60 ml/4 łyżki średnio wytrawnej sherry
15 ml/1 łyżka ciemnego rumu

Herbatniki (ciasteczka) do podania

Umieść cukier i wodę w 2,5-litrowym naczyniu i dobrze wymieszaj. Przykryj dużym odwróconym talerzem i gotuj na pełnym ogniu przez 8 minut, aby uzyskać syrop. W międzyczasie obierz i wydrąż ananasa, usuń „oczka" końcówką obieraczki do ziemniaków. Pokrój w plastry, a następnie pokrój plastry na kawałki. Dodaj do syropu z resztą składników. Przykryj folią spożywczą (plastikową) i złóż ją dwukrotnie, aby para mogła się wydostać. Gotuj przez 10 minut, obracając naczynie trzy razy. Odstaw na 8 minut, zanim nałożysz chochlą na talerze i zjesz z chrupiącymi, maślanymi herbatnikami.

Grzany Owoc Sharon

Służy 8

Przygotuj jak grzany ananas, ale ananasa zastąp 8 ćwiartkami sharon. Po dodaniu do syropu z pozostałymi składnikami gotować w całości tylko 5 minut. Aromat z brandy zamiast rumu.

Grzane Brzoskwinie

Służy 8

Przygotuj jak Grzany Ananas, ale zamiast ananasa zastąp 8 dużymi przekrojonymi na pół brzoskwiniami bez pestek. Po dodaniu do syropu z pozostałymi składnikami gotować w całości tylko 5 minut. Aromatyzowane likierem pomarańczowym zamiast rumu.

Różowa gruszka

Serwuje 6

450 ml/¾ pt/2 kieliszki wina różowego
75 g/3 uncje/1/3 szklanki drobnego cukru
6 gruszek deserowych, łodygi pozostawione na wierzchu
30 ml/2 łyżki mąki kukurydzianej
45 ml/3 łyżki zimnej wody
45 ml/3 łyżki brązowego porto

Wlej wino do naczynia na tyle głębokiego, aby wszystkie gruszki z jednej strony zmieściły się w jednej warstwie. Dodać cukier i dobrze wymieszać. Gotuj bez przykrycia w całości przez 3 minuty. W międzyczasie obierz gruszki, uważając, aby nie zgubić szypułek.

Ułożyć po bokach w mieszance wina i cukru. Przykryj folią spożywczą (plastikową) i złóż ją dwukrotnie, aby para mogła się wydostać. Gotuj całkowicie przez 4 minuty. Obróć gruszki dwiema łyżkami. Przykryj jak poprzednio i gotuj na pełnym ogniu przez kolejne 4 minuty. Pozostaw na 5 minut. Ustaw pionowo w naczyniu do serwowania. Aby zagęścić sos, wymieszaj płynnie mąkę kukurydzianą z wodą i wymieszaj z porto. Wymieszaj mieszankę wina. Gotuj bez przykrycia na pełnym ogniu przez 5 minut, energicznie mieszając co minutę, aż zgęstnieje i stanie się klarowny. Wylać na gruszki i podawać na ciepło lub schłodzone.

świąteczny pudding

Pozwala przygotować 2 puddingi, z których każda zawiera 6–8 porcji

65 g mąki pszennej (uniwersalnej).
15 ml/1 łyżka kakao w proszku (niesłodzona czekolada).
10 ml/2 łyżeczki mieszanki przypraw (szarlotka) lub ziela angielskiego mielonego
5 ml/1 łyżeczka startej skórki z pomarańczy lub mandarynki
75 g / 3 uncje / 1½ filiżanki świeżej brązowej bułki tartej
125 g/4 uncji/½ szklanki miękkiego ciemnobrązowego cukru
450 g/1 lb/4 szklanki mieszanych suszonych owoców (mix do ciastek) ze skórką

125 g/1 szklanka posiekanego łoju (wegetariańskiego, jeśli wolisz)

2 duże jajka w temperaturze pokojowej

15 ml/1 łyżka czarnej melasy (melasa)

60 ml/4 łyżki Guinnessa

15 ml/1 łyżka mleka

Dobrze wysmarować tłuszczem dwie miseczki na pudding o pojemności 900 ml/1½ pt/3¾ szklanki. Mąkę, kakao i przyprawy przesiać do dużej miski. Wrzucić skórkę, bułkę tartą, cukier, owoce i łój. W osobnej misce wymieszaj jajka, melasę, Guinnessa i mleko. Wymieszaj suche składniki widelcem, aby uzyskać miękką mieszankę. Podzielić równo pomiędzy przygotowane miski. Każdą luźno przykryj papierem kuchennym. Gotuj, pojedynczo, na pełnej mocy przez 4 minuty. Pozostaw na 3 minuty w kuchence mikrofalowej. Gotuj każdy budyń na pełnym ogniu przez kolejne 2 minuty. Wyjąć z misek, gdy ostygną. Po wystygnięciu owinąć podwójną warstwą papieru do pieczenia (wosku) i zamrozić, aż będzie potrzebny. Przed podaniem całkowicie rozmrozić, pokroić na porcje i podgrzewać pojedynczo na talerzach przez 50-60 sekund.

Budyń maślany ze śliwkami

Pozwala przygotować 2 puddingi, z których każda zawiera 6–8 porcji

Przygotuj jak świąteczny pudding, ale zastąp łój 125 g stopionego masła.

Budyń Śliwkowy Z Olejem

Pozwala przygotować 2 puddingi, z których każda zawiera 6–8 porcji

Przygotować jak świąteczny pudding, ale zamienić łój na 75 ml/5 łyżek oleju słonecznikowego lub kukurydzianego. Dodaj dodatkowe 15 ml/1 łyżkę mleka.

Suflet Owocowy W Szklankach

Serwuje 6

400 g/14 oz/1 duża puszka dowolne nadzienie owocowe

3 jajka, oddzielone

90 ml / 6 łyżek nieubitej śmietany do ubijania

Przełożyć nadzienie owocowe do miski i wymieszać z żółtkami. Białka ubij na sztywną pianę i delikatnie wmieszaj do masy owocowej, aż dobrze się połączą. Wlej mieszaninę równomiernie do sześciu kieliszków do wina na nóżkach (nie kryształowych), aż do połowy. Gotuj parami w trybie rozmrażania przez 3 minuty. Mieszanina powinna unieść się na powierzchnię każdej filiżanki, ale trochę opadnie po wyjęciu z piekarnika. Na każdym zrobić nacięcie nożem. Na każdy nałóż 15 ml/1 łyżkę śmietany. Przejdzie od boków okularów do podstaw. Natychmiast podawaj.

Prawie natychmiastowy świąteczny pudding

Robi 2 puddingi, każda porcja 8

Absolutnie wspaniałe, niesamowicie bogate, głębokie, owocowe i szybko dojrzewające, więc nie trzeba ich robić tygodniami wcześniej.

Nadzienie owocowe z puszki jest tu kluczowym elementem i świadczy o niesłabnącym sukcesie puddingów.

225 g/8 uncji/4 filiżanki świeżej białej bułki tartej
125 g/4 uncje/1 szklanka mąki pszennej (uniwersalnej).
12,5 ml/2½ łyżeczki mielonego ziela angielskiego
175 g/6 uncji/¾ szklanki ciemnego miękkiego brązowego cukru
275 g drobno posiekanego łoju (wegetariańskiego, jeśli wolisz)
675 g/1½ lb/4 szklanki mieszanych suszonych owoców (mieszanka do ciasta owocowego)
3 jajka, dobrze ubite
400 g / 14 uncji / 1 duża puszka nadzienia wiśniowego
30 ml/2 łyżki czarnej melasy (melasa)
Dutch Butter Blender Cream lub bita śmietana do podania.

Dobrze wysmarować tłuszczem dwie miseczki na pudding o pojemności 900 ml/1½ pt/3¾ szklanki. Do miski wsyp bułkę tartą, przesiej mąkę i przyprawy. Dodaj cukier, łój i suszone owoce. Zmiksować na dość miękką masę z jajkami, nadzieniem owocowym i melasą. Rozłóż przygotowane miski i przykryj każdą z nich papierem kuchennym. Gotuj pojedynczo na pełnym ogniu przez 6 minut. Pozostaw na 5 minut w kuchence mikrofalowej. Gotuj każdy budyń na pełnym ogniu przez kolejne 3 minuty, dwukrotnie obracając miskę. Wyjąć z misek, gdy ostygną. Po wystygnięciu owinąć w woskowany papier i schłodzić w lodówce, aż będzie potrzebny. Pokrój na porcje i podgrzej zgodnie z tabelą produktów spożywczych wygodnych. Podawać z blenderem lub bitą śmietaną.

www.ingramcontent.com/pod-product-compliance
Lightning Source LLC
Chambersburg PA
CBHW071233080526
44587CB00013BA/1601